위대한
하나님의 사람,
성공에 이르는 길

위대한
하나님의 사람,

The Great Man of God, The Path to Success

성공에 이르는 길

이영훈 지음

서울말씀사

머리말

진정, 성공한 인생을 살고 싶으신가요?

대부분의 사람은 성공하길 원합니다. 그런데 어떤 인생이 성공한 인생인지에 대해서는 정의를 내리기가 쉽지 않습니다. 성공의 정의는 사람마다 다르고, 문화와 시대에 따라 달라지기 때문입니다. 물질만능주의가 만연한 오늘날의 사회에서는 성공을 재물과 관련하여 생각하는 경향이 큽니다. 그러나 정말로 돈을 많이 벌고 유명해지면 그것이 성공한 인생일까요? 아니면 높은 자리에 올라가 큰 영향력을 끼치는 것이 성공한 인생일까요? 인터넷을 보니 성공이란 "싫은 사람과 같이 일하지 않아도 먹고사는 데 지장이 없는 상태"라고 정의하는 사람도 있습니다.

크리스천에게 성공의 의미는 세상에서 말하는 성공의 의미와 다릅니다. 아니, 달라야 합니다. 크리스천은 세상 사람들처럼 재물과 권력과 명예를 통해서가 아니라, 이 땅에 하나님의 뜻을 이루는 사명을 통해 성공에 이르기 때문입니다. 다시 말해, 내 욕망, 내 목표가 아니라 하나님이 이끄시는 길로 가야 비로소 진정한 성공의 길로 나아갈 수 있습니다.

성경에 나오는 위대한 하나님의 사람들인 아브라함, 요셉, 다윗, 다니엘, 베드로 등이 모두 자기 자신을 내려놓고 하나님의 뜻에 순종함으로써 성공한 인생을 살았습니다. 그리고 하나님은 우리도 그들처럼 위대한 하나님의 사람이 되어 성공한 인생을 살길 원하십니다.

2025년을 맞이하면서 저는 이 주제에 관해 성경을 깊이 연구하고 깨달은 바를 사랑하는 성도님들과 나누고자 하는 바람이 생겼습니다. 이를 위해 '신년 축복 열두 광주리 새벽기도회'를 통해 은혜의 말씀을 나누었고, 그때 전했던 내용을 다듬어서 이번에 책으로 펴내게 되었습니다. 이 책을 통해 우리를 택하고 부르신 하나님의 깊으신 뜻을 깨닫게 되시길 바랍니다. 그리하여 우리 모두 위대한 하나님의 사람으로 성장하고, 우리의 삶이 성공으로 나아가는 여정이 되기를 간절히 소망합니다.

여의도순복음교회
담임목사 **이영훈**

목차

머리말   04

CHAPTER 1	하나님의 자녀로 부름받음	09
CHAPTER 2	예배자로 부름받음	29
CHAPTER 3	하나님 나라의 신하로 부름받음	47
CHAPTER 4	하나님의 뜻에 순종하도록 종으로 부름받음	67
CHAPTER 5	하나님의 은혜로 사는 인생	85
CHAPTER 6	실패와 좌절 속에서도 역사하시는 하나님	107

The Great Man of God,
The Path to Success

CHAPTER 7	분명한 목표 의식을 가져라	127
CHAPTER 8	꿈과 비전을 품고 도전하라	149
CHAPTER 9	열정을 회복하라	167
CHAPTER 10	응답받을 때까지 기도하라	187
CHAPTER 11	거룩한 습관을 가져라	207
CHAPTER 12	절대 긍정의 믿음을 소유하라	225

CHAPTER

1

하나님의 자녀로 부름받음

"하늘에 계신 우리 아버지여"
마태복음 6장 9절

1 하나님의 자녀로 부름받음

예수님은 제자들에게 "너희는 이렇게 기도하라"라고 말씀하시며 기도의 본을 보여주셨습니다. 이것이 바로 마태복음 6장에 기록된 주기도문입니다. 주기도문은 우리를 향하신 하나님의 뜻이 무엇인지, 그 뜻 안에서 어떻게 살아가야 하는지를 보여주는 신앙생활의 지침서로, 다음과 같이 시작합니다.

"하늘에 계신 우리 아버지여"(마 6:9)

먼저, 예수님은 제자들에게 하나님이 "우리 아버지"임을 가르쳐 주셨습니다. 우리는 예수 그리스도를 통해 마귀의 권세

아래 있는 죄와 사망의 굴레에서 벗어나 하나님의 자녀라는 새로운 신분을 얻었습니다. 그러므로 우리의 모든 기도는 하나님의 자녀라는 정체성 위에서 시작되어야 합니다.

1. 하나님을 '아버지'라고 부름

마귀의 종노릇 하던 우리는 예수님을 구주로 믿을 때 비로소 하나님의 자녀가 되며, 하나님을 '아버지'라고 부를 수 있는 특권을 누리게 됩니다. 이보다 더 큰 축복과 은혜가 또 있을까요? 하나님의 자녀가 된 우리는 세상이 알 수도 없고 줄 수도 없는 참된 기쁨과 평안을 누릴 수 있습니다.

> "너희는 다시 무서워하는 종의 영을 받지 아니하고 양자의 영을 받았으므로 우리가 아빠 아버지라고 부르짖느니라 성령이 친히 우리의 영과 더불어 우리가 하나님의 자녀인 것을 증언하시나니"(롬 8:15-16)

하나님의 자녀로 사는 삶

마귀의 종으로 사는 삶과 하나님의 자녀로 사는 삶은 전혀 다릅니다. 우리 마음속에 몰려오는 두려움과 공포, 불안과 근심은 마귀의 역사이지만, 하나님은 우리의 마음을 기쁨과 평안으로 채워주십니다. 하나님의 자녀라면 불안한 마음, 두려운 마음을 계속 품고 살지 말아야 합니다. 부정적인 마음이 들 때는 기도하십시오. 주님의 평안이 임할 때까지 기도하고 또 기도해야 합니다.

> "아무 것도 염려하지 말고 다만 모든 일에 기도와 간구로, 너희 구할 것을 감사함으로 하나님께 아뢰라 그리하면 모든 지각에 뛰어난 하나님의 평강이 그리스도 예수 안에서 너희 마음과 생각을 지키시리라"(빌 4:6-7)

염려와 근심은 하나님의 자녀에게 어울리지 않는 감정입니다. 하나님의 자녀는 어떤 문제와 어려움이 닥쳐도 근심하지 말고, 오직 하나님 아버지께 나아가 기도해야 합니다. 하나님이 가장 좋은 것으로 응답해 주시리라 믿고 감사하며 기도할 때 하나님이 주시는 평강이 우리의 마음에 임할 것입니다.

하나님의 자녀임을 깨닫게 하시는 성령님

하나님의 자녀가 되었다는 사실은 우리의 힘이나 노력으로 깨달을 수 있는 일이 아닙니다. 인간의 이성으로는 이해할 수 없는 신비이기 때문입니다. 하나님 자녀로서의 정체성은 우리가 기도할 때 성령님의 역사하심을 통해 우리 마음속에 생겨나는 것입니다. 성경은 이러한 성령의 일에 관해 증언하고 있습니다.

> "너희가 아들이므로 하나님이 그 아들의 영을 우리 마음 가운데 보내사 아빠 아버지라 부르게 하셨느니라"(갈 4:6)

하나님의 자녀임을 깨닫는 것조차 우리 힘이 아니라, 하나님이 보내 주신 성령님의 역사입니다. 이 놀라운 은혜를 생각할 때 우리가 하나님께 드릴 수 있는 것은 오직 감사의 고백뿐입니다.

안타깝게도 세상에는 자녀를 사랑으로 돌보지 않는 부모도 있습니다. 자녀를 미워하고 학대하며 상처를 주는 부모, 심지어 자녀를 버리는 부모도 있습니다. 하지만 우리 하나님 아버지는 참으로 좋으신 분이십니다. 세상의 어떤 부모와도 비교할 수 없을 만큼 사랑과 자비, 긍휼함이 넘치는 분이십니다. 그 좋으신 하나님은 죄로 인해 멀어진 우리를 용서하고 품어주시며, 우리의 아픔과 상처를 치료하고 회복시켜 주십니다. 더 나아가 하나님의 자녀라는 우리의 정체성을 깨닫게 하시고, 위대한 하나님의 사람으로 세워주십니다.

그러므로 하나님께 기도할 때마다 이렇게 기도하십시오. "하나님, 감사합니다. 제 아버지가 되어 주셔서 감사합니다. 저를 사랑하고 돌보시며, 제 삶을 선한 길로 인도해 주시니 감사합니다!"

2. 하나님의 맏아들이신 예수님을 본받음

우리가 자녀를 양육하다 보면, 맏이에게서 다른 자녀와 다른 특별한 점을 발견할 때가 많습니다. 맏이는 종종 동생들에게 모범이 되어야 한다는 책임감 때문인지 나이에 비해 성숙한 모습을 보이곤 합니다. 이러한 모습은 자연스럽게 동생들에게까지 영향을 미칩니다.

하나님의 자녀인 우리에게 큰형, 큰누나와 같은 맏이의 역할을 하는 분이 바로 예수님이십니다.

믿는 자의 본이 되신 예수님

하나님은 예수님을 '맏아들'로 세우셔서 모든 하나님의 자녀들에게 믿음의 본을 보이게 하셨습니다.

> "하나님이 미리 아신 자들을 또한 그 아들의 형상을 본받게 하기 위하여 미리 정하셨으니 이는 그로 많은 형제 중에서 맏아들이 되게 하려 하심이니라" (롬 8:29)

예수님은 하나님의 아들이십니다. 우리는 예수님의 뒤를 이어 하나님의 자녀가 된 것입니다. 그렇기에 우리는 맏아들이 되신 예수님을 본받아야 합니다. 예수님처럼 생각하고, 예수님처럼 말하며, 예수님처럼 행동해야 합니다. 우리가 앞서가신 예수님을 바라보며 한 걸음씩 따라가면, 점점 더 예수님의 모습을 닮게 되고, 결국 하나님의 자녀로서 칭찬받는 삶을 살게 될 것입니다.

예수님이 하신 일을 하라

그뿐만 아니라 예수님은 인간의 몸을 입고 이 땅에 오셔서 우리의 모든 고난과 고통을 직접 경험하셨습니다.

> "그러므로 그가 범사에 형제들과 같이 되심이 마땅하도다 이는 하나님의 일에 자비하고 신실한 대제사장이 되어 백성의 죄를 속량하려 하심이라 그가 시험을 받아 고난을 당하셨은즉 시험 받는 자들을 능히 도우실 수 있느니라"(히 2:17-18)

예수님은 이 땅에 계시는 동안 우리 인간과 똑같이 배고픔과 피곤을 겪으셨으며, 상처를 입으셨습니다. 그렇기에 예수님만큼 우리의 연약함과 아픔을 깊이 이해하시는 분도 없습니다.

> "우리에게 있는 대제사장은 우리의 연약함을 동정하지 못하실 이가 아니요 모든 일에 우리와 똑같이 시험을 받으신 이로되 죄는 없으시니라"(히 4:15)

예수님은 죄가 없으셨지만, 우리의 모든 죄와 허물을 대신 짊어지시고 십자가에 달려 돌아가셨습니다. 그분 안에서 용서받고 새롭게 된 우리는 더 이상 죄 가운데 타협하며 살아가선 안 됩니다. 오직 예수님을 바라보며 그분을 닮아가야 합니다. 예수님이 어떻게 기도하셨고, 어떤 삶을 사셨는지, 어떻게 고난을 이겨내시고, 어떤 일에 최선을 다하셨는지를 깊이 묵상하며 따를 때, 십자가 죽음을 이기고 부활하신 예수님처럼 우리도 모든 문제와 고통을 이겨내고 승리하는 삶을 살아갈 수 있습니다.

예수님이 하신 사역은 세 가지로 요약할 수 있습니다. 말씀을 가르치시는 일, 복음을 전파하시는 일, 병든 자를 고치시는 일이었습니다. 우리도 예수님을 본받아 이와 같은 일을 해야 합니다. 말씀을 가르치고, 복음을 전파하며, 가난하고 병든 자들을 위한 일에 동참해야 합니다.

하나님 자녀로 산다는 것은 이처럼 예수님을 본받는 것입니다. 예수님의 뒤를 이어 예수님이 하신 일을 하는 것, 그것이 하나님 자녀의 삶이며, 하나님 아버지의 뜻을 이 땅 가운데 이루는 삶입니다.

3. 하나님 자녀의 권세를 받음

하나님은 예수님을 본받아 살아가는 우리에게 당신의 자녀로서 누릴 수 있는 권세를 함께 주셨습니다.

> "영접하는 자 곧 그 이름을 믿는 자들에게는 하나님의 자녀가 되는 권세를 주셨으니"(요 1:12)

하나님 자녀의 권세를 사용하라

조선시대를 배경으로 한 드라마에서 어린 세자가 나이 많은 신하들에게 당당히 명령하고, 신하들은 그 명령을 따르는 장면을 종종 볼 수 있습니다. 사실, 어린 세자에게 무슨 힘이 있었을까요? 왕이 어린 세자에게 그러한 권세를 주었기에 가능한 일입니다.

하나님의 자녀가 된 우리도 그에 따른 권세를 받게 됩니다.

하나님은 우주 만물을 창조하고 다스리시는 창조주이시며 만왕의 왕이시기에, 우리에게도 땅과 하늘, 즉 세상 모든 일을 다스리는 권세, 마귀와 악한 영들을 굴복시키는 권세가 주어진 것을 믿어야 합니다. 더 나아가 우리는 이 권세를 사용하여 날마다 승리하는 삶을 살아야 합니다.

하나님 자녀의 권세를 사용하는 가장 강력한 방법은 기도와 선포입니다. 그분의 자녀 된 권세를 믿고 담대하게 선포하십시오. "근심, 걱정, 불안은 물러가라!" "기적은 일어날지어다!" "질병은 떠나갈지어다!" "악한 영은 떠나갈지어다!" 우리가 이같이 선포할 때 놀라운 역사와 기적이 우리 삶 가운데 일어날 것입니다.

하나님의 완전하심을 향해 나아가라

하나님의 자녀가 된 우리는 하나님의 완전하심을 닮아가기 위해 끊임없이 노력해야 합니다.

"그러므로 하늘에 계신 너희 아버지의 온전하심과 같이 너희도 온전하라"(마 5:48)

영어 성경에서는 이를 "Be perfect."라고 표현합니다. 하나님이 완전(perfect)하시기에, 그분의 자녀인 우리도 그 완전함을 목표로 삼아야 한다는 뜻입니다. 자녀가 부모를 닮는 것은 자연스러운 이치입니다. 따라서 하나님의 자녀로서 우리도 말과 행실에서 아버지 하나님을 닮아가야 합니다.

물론 우리가 하나님처럼 완전해지는 일은 불가능합니다. 완전하신 분은 오직 하나님 한 분뿐이십니다. 우리는 여전히 불완전하고 미완성된 존재입니다. 하지만 하나님의 자녀라는 정체성을 기억하며 그분의 완전하심을 향해 나아가는 것이 우리의 소명입니다. 그렇기에 예수님을 믿은 이후 우리의 삶은 어제보다 오늘이, 오늘보다 내일이 더 나아져야 합니다.

우리가 처음 예수님을 믿은 지 얼마 되지 않았을 때는 인격적으로 미성숙한 모습이 나타날 수 있습니다. 이는 신앙의 초기 단계에서 충분히 있을 수 있는 일입니다. 그러나 신앙이 깊어질수록 우리의 삶에는 반드시 변화가 드러나야 합니다. 예수님을 믿은 지 10년, 20년이 지났음에도 여전히 분노를 조절하지 못하거나, 습관적으로 소리를 지르는 행동을 지속한다면,

이는 신앙에 문제가 있다는 신호입니다.

우리 순복음교회가 초창기부터 강조해 온 성령충만은 이러한 삶의 변화와 깊은 관련이 있습니다. 성령충만이란 성령의 사람으로 변화됨을 의미합니다. 성령님은 예수님의 영이시므로, 우리가 성령의 사람이 되면 예수님의 모습을 닮게 됩니다. 그러므로 예수님을 믿고 난 후에도 여전히 변화되지 않고 과거의 모습 그대로 살고 있다면, 하나님의 자녀로서 제대로 신앙생활을 하고 있는지 자신을 돌아봐야 합니다.

예수님을 따르는 크리스천의 삶은 지속적으로 변화하고 성숙해지는 과정입니다. 우리가 성령의 도우심을 의지하고 예수님의 뜻을 따를 때 우리의 내면과 행동은 점차 예수님을 닮아가게 됩니다.

4. 하나님의 상속자가 됨

하나님의 자녀는 하나님의 상속자가 되는 놀라운 축복을 누리게 됩니다.

> "성령이 친히 우리의 영과 더불어 우리가 하나님의 자녀인 것을 증언하시나니 자녀이면 또한 상속자 곧 하나님의 상속자요 그리스도와 함께 한 상속자니 우리가 그와 함께 영광을 받기 위하여 고난도 함께 받아야 할 것이니라 생각하건대 현재의 고난은 장차 우리에게 나타날 영광과 비교할 수 없도다"(롬 8:16-18)

세상 사람들은 부유한 부모를 만나서 많은 재산을 상속받는 것을 부러워합니다. 그러나 이러한 상속은 때로 자녀들 사이에 다툼과 분쟁의 원인이 되기도 합니다. 조금이라도 더 많이 가지기 위해 싸우는 모습을 볼 때 안타깝기 그지없습니다. 하지만 재산을 많이 상속받을지라도 세상 것은 결국 다 사라지고 맙니다. 하나님은 우주 만물을 다스리시는 당신께 속한 모든 것을 우리에게 상속해 주셨습니다. 이 사실을 기억하며 하나님의 상속자로서 풍성한 축복을 누리길 바랍니다.

하지만 하나님의 상속자로서의 삶은 여기서 멈추지 않습니다. 하나님이 우리에게 모든 것을 주셨으니, 이제 우리는 받은 것을 베풀고 나누는 삶을 살아야 합니다. 하나님의 축복을 혼자 소유하고 나누지 못한다면, 이는 하나님의 상속자로서 합당한 삶이 아닙니다. 우리가 받은 축복을 하나님의 영광을 위해 사용하고, 이웃과 나눌 때 하나님은 우리에게 더 큰 복을 주실 것입니다. 나눔과 섬김을 통해 하나님께 영광을 돌릴 때, 하나님은 우리를 더 위대한 하나님의 사람으로 세워주실 것입니다.

하나님 자녀로 산다는 것은
예수님을 본받는 것입니다.
예수님의 뒤를 이어
예수님이 하신 일을 하는 것,
그것이 하나님 자녀의 삶이며,
하나님 아버지의 뜻을
이 땅 가운데 이루는 삶입니다.

적용을 위한 질문

1. 나는 기도할 때마다 하나님의 자녀가 되었다는 사실에 감사하고 있나요? 이에 대한 감사의 기도를 적어보세요.

_____

_____

_____

_____

_____

_____

_____

적용을 위한 질문

2. 하나님 자녀라는 권세를 담대하게 사용하고 있는지 스스로 점검하고, 깨달은 점을 적어보세요.

_____
_____
_____
_____
_____
_____
_____
_____

CHAPTER 2

예배자로 부름받음

"이름이 거룩히 여김을 받으시오며"
마태복음 6장 9절

2 예배자로 부름받음

성경에서 이름은 단순히 누군가를 부르는 호칭 이상의 깊은 의미를 담고 있습니다. 예를 들어, 창세기 17장 5절에서는 하나님이 아브람(위대한 아버지)에게 '아브라함'(열국의 아비)이라는 새로운 이름을 주십니다. 이는 하나님이 아브라함에게 약속하신 자녀의 축복과 그의 삶을 향한 하나님의 계획을 나타냅니다. 이와 마찬가지로, 하나님의 이름은 그분의 신성, 성품, 권세, 능력, 그리고 그분의 뜻을 포함한 하나님의 존재 자체를 의미합니다. 그렇기에 출애굽기 20장 7절에서 하나님의 이름을 망령되게 부르지 말라는 엄중한 경고가 주어진 것입니다.

오늘 본문에서 예수님의 가르침도 이러한 배경을 바탕으로 이해해야 합니다. 하나님의 이름을 가볍게 여기거나 아무런 생각 없이 부르며 기도해서는 안 됩니다. 오로지 그분의 거룩하심과 위대하심을 마음에 깊이 새기며, 경외하는 마음으로 그분 앞에 나아가야 합니다. 이러한 태도가 참된 신앙인의 모습이며, 하나님께 드려야 할 마땅한 예배의 자세입니다.

1. 인생의 목적

인간은 왜 존재하며, 무엇을 위해 살아갈까요? 인생을 살아가는 동안 많은 사람이 이 질문 앞에서 답을 찾지 못한 채 방황하고 있습니다. 그러나 성경은 이 질문에 대해 분명한 답을 제시합니다.

> "내 이름으로 불려지는 모든 자 곧 내가 내 영광을 위하여 창조한 자를 오게 하라 그를 내가 지었고 그를 내가 만들었느니라"(사 43:7)

오늘날 여수님을 믿지 않는 많은 사람은 자기 자신을 세상의 중심으로 여기며 자신만의 목적을 위해 쉴 틈 없이 달려갑니다. 그러나 성경은 하나님이 우리를 창조하신 이유는 당신의 영광을 나타내기 위함이라고 말씀합니다. 그러므로 우리의 삶은 하나님의 영광을 드러내고 그분을 기쁘시게 하는 데 초점을 맞춰야 합니다.

예를 들어, 크리스천 교사가 학생들에게 단순히 지식만 가르치는 것이 아니라, 하나님의 마음으로 학생들을 바라보고 사랑한다면, 하나님은 그 선생님을 통해 영광을 받으실 것입니다. 음식점을 운영하는 크리스천이 음식점에 오는 모든 손님의 건강과 행복을 기원하는 마음으로 음식을 준비한다면, 이 또한 하나님의 영광을 위한 삶이 될 것입니다. 이처럼 나의 만족과 유익이 아니라 하나님의 영광을 위해 모든 일을 할 때 하나님은 우리를 통해 영광을 받으시고 우리에게 더 큰 복을 부어주십니다.

같은 맥락에서, 미국이 세계 최대 강대국으로 자리 잡을 수 있었던 이유는 그들의 건국 정신이 하나님께 영광을 돌리는 데 뿌리를 두고 있었기 때문이라고 생각합니다. 미국 대통령이 취임식에서 성경 위에 손을 얹고 "하나님의 말씀에 따라 국가를 섬기겠습니다."라고 선서하는 전통은 그들의 뿌리 깊은 신앙심을 보여줍니다. 또한 미국 화폐에 새겨진 "In God We Trust"라는 문구는 물질을 우상화하지 않겠다는 그들의 신앙적 결단을 나타냅니다. 이러한 신앙과 가치관이 미국의 발전과 번영을 이끄는 중요한 원동력이 된 것입니다.

반면에 우리가 하나님의 영광이라는 목적을 잃어버리면, 우리의 삶은 방향을 잃고 혼란과 갈등으로 치닫게 됩니다. 가정에서의 불화, 직장에서의 갈등, 심지어 국가적인 혼란도 결국 인생의 진정한 목적을 상실한 데서 비롯됩니다. 특히 정치적 혼란은 하나님의 뜻과 공의보다는 개인의 이익이나 당파적 욕심에 기인한 경우가 많습니다.

이러한 상황에서 크리스천들은 먼저 우리를 향하신 하나님의 뜻을 깨닫고, 삶의 목표를 하나님의 영광에 두어야 합니다. 목표가 달라지면 행동이 달라지고, 행동이 달라지면 내 가족, 내 직장, 더 나아가 우리 사회와 국가가 달라질 수 있습니다.

"그런즉 너희가 먹든지 마시든지 무엇을 하든지 다 하나님의 영광을 위하여 하라"(고전 10:31)

우리의 모든 삶이 하나님의 영광을 위한 것이 된다면, 우리는 참된 만족과 기쁨을 누리게 됩니다. 더 나아가 하나님은 우리를 통해 그분의 거룩한 뜻을 이루시고, 우리에게 큰 은혜를 베풀어 주실 것입니다.

2. 예배자로서 찬양과 감사의 삶

우리가 하나님께 예배자로 부름을 받았다는 사실은 교회 안에서 예배를 드리는 것만을 의미하지 않습니다. 우리의 삶 전체가 예배가 되어 하나님께 찬양과 감사를 드려야 합니다.

찬양의 제사를 드리는 삶
우리는 하나님을 찬양하기 위해 창조되었습니다.

"이 백성은 내가 나를 위하여 지었나니 나를 찬송하게 하려

함이니라"(사 43:21)

우리가 하나님을 찬양하면 하나님이 영광을 받으시고 우리와 함께 거하십니다.

"이스라엘의 찬송 중에 계시는 주여 주는 거룩하시니이다"(시 22:3)

찬양은 우리가 하나님을 예배하는 표현입니다. 동시에, 우리의 영혼을 자유롭게 하고 변화시키는 능력의 통로입니다. 찬양은 믿음의 고백이 담긴 곡조 있는 기도로서 하나님의 역사를 이루게 합니다.

세계적인 석학인 하비 콕스 교수는 그의 저서 『영성, 음악, 여성』(Fire from Heaven)에서 오순절 운동의 부흥 요인을 분석하며 찬양의 중요성을 강조했습니다. 그는 오순절 교회들이 전통적인 예배 형식을 넘어 음악과 찬양을 통해 성령의 역사를 체험하는 모습을 관찰했습니다. 특히 여의도순복음교회는 찬양을 통해 성도들이 성령의 임재를 깊이 경험하도록 이끌었으며,

이것은 교회 성장의 핵심 요인으로 작용했다고 분석했습니다. 이러한 찬양 중심의 예배는 교회의 부흥뿐만 아니라, 세계적인 성령 운동의 확산에도 기여했습니다. 하비 콕스 교수는 이러한 현상을 통해 찬양이 현대 교회의 부흥과 성령 운동에서 중요한 역할을 하고 있다고 결론지었습니다.

삶이 고단하고 힘들 때, 우리는 하나님께 찬양을 드려야 합니다. 찬양은 절망을 희망으로, 슬픔을 기쁨으로 변화시키는 열쇠입니다. 기도가 나오지 않을 정도로 어려운 순간에도, 찬양은 우리의 영혼을 새롭게 하고 하나님께 가까이 나아가게 합니다.

찬송가 337장 「내 모든 시험 무거운 짐을」의 후렴에 나오는 "무거운 짐을 나 홀로 지고 견디다 못해 쓰러질 때"라는 가사처럼 저에게도 삶에 고난이 찾아와 기도조차 할 수 없을 때가 있었습니다. 그러나 그때 이 가사를 고백하며 하나님께 눈물로 기도하자, 제 안에 하나님이 주시는 새로운 힘과 소망이 솟아나는 은혜를 경험했습니다.

찬양은 하나님의 능력을 선포하는 신앙의 고백이자, 우리의 삶을 하나님께 온전히 드리는 거룩한 제사입니다. 찬양은 성령의 역사를 불러오는 은혜의 통로가 되어 우리의 삶과 교회에 새로운 부흥과 변화를 가져옵니다.

아무리 삶이 힘들고 어려워도 우리는 찬양을 멈추지 말아야 합니다. 우리 모두가 찬양을 통해 하나님의 은혜와 축복을 체험하며 하나님의 영광을 드러내는 진정한 예배자가 되기를 소망합니다.

감사의 제사를 드리는 삶

찬양과 함께 감사도 구원받은 성도가 반드시 가져야 할 중요한 태도입니다.

> "감사로 제사를 드리는 자가 나를 영화롭게 하나니 그의 행위를 옳게 하는 자에게 내가 하나님의 구원을 보이리라"
> (시 50:23)

감사는 단순한 감정의 표현이 아니라, 하나님이 우리의 삶을 주관하고 선하게 인도하신다는 믿음의 고백입니다.

때로는 어려운 일을 당할 때 감사하는 것이 쉽지 않습니다. 하지만 성경은 그런 상황에서도 감사해야 한다고 가르칩니다. 왜냐하면 감사는 우리의 시선을 문제에서 하나님께로 돌리게 하기 때문입니다. 사람이나 문제를 바라보면 소망이 없습니다. 그러나 감사함으로 하나님을 바라보면 소망과 생명이 넘치는 것을 경험하게 됩니다.

사도 바울은 데살로니가전서 5장 13절에서 항상 감사할 것을 권면합니다.

> "범사에 감사하라 이것이 그리스도 예수 안에서 너희를 향하신 하나님의 뜻이니라"(살전 5:18)

감사는 또한 불평과 불만이 가득한 세상 속에서 어둠을 밝히는 빛과 같은 역할을 합니다. 현대 사회에서 대중매체들은 자극적인 문제들을 부각시키는 경향이 있는데, 이는 사람들의 마음을 쉽게 부정적으로 만듭니다. 그러나 크리스천은 이런 세상 속에서 감사의 능력을 되찾아 어두움을 밝히는 희망의 빛이 되어야 합니다. 작은 일에도 감사하며, 절대 긍정의 믿음으로 살아갈 때 세상은 우리를 통해 희망의 빛을 발견하게 될 것입니다.

영국 출신의 헬렌 로즈비어 선교사는 아프리카 콩고에서 의료 선교사로 헌신하며 하나님의 사랑과 복음을 전한 매우 귀한 분입니다. 그녀는 케임브리지대학교에서 의학을 공부하던 중 하나님의 부르심을 받아 선교사가 되었고, 콩고에서 병원과 의료 훈련학교를 설립하며 수많은 생명을 돌보았습니다. 그러나 1964년 내전 중 반란군에게 납치되어 끔찍한 폭행을 당하는 고통을 겪게 됩니다.

극심한 고통 속에서 헬렌 선교사님은 하나님께 물었습니다. "주님, 이것도 가치 있는 일인가요?" 그녀는 하나님께 감사할 수 없었습니다. 그날 밤, 하나님은 절망 속에 쓰러져 있는 그녀에게 나타나서 대답하셨습니다. "그렇다면 헬렌, 내가 너를 믿고 있는 것에 대해서는 감사할 수 있겠니?" 그 순간, 그녀는 하나님이 자신을 믿고 계시다는 사실을 깨닫게 되었고, "하나님,

감사합니다! 감사합니다! 감사합니다!"라며 눈물로 고백할 수밖에 없었습니다.

그녀는 5개월 만에 석방되었고, 이후 다시 콩고로 돌아가 20년간 선교사로 헌신하며 병원과 대학을 설립하고 의료 환경을 개선하는 데 힘썼습니다. 콩고인들은 지금까지도 그녀를 기억하며 '마마 루카'라 부르고 있습니다. 헬렌 로즈비어 선교사님의 삶은 고난 속에서도 감사하며 하나님의 영광을 드러내는 삶이 무엇인지를 보여주는 귀한 본보기가 되고 있습니다.

우리도 삶 속에서 크고 작은 문제와 고난을 만납니다. 이런 상황에서도 감사하려면 먼저 우리가 감사하기로 결단해야 합니다. 저절로 감사가 나오는 상황에서만 감사한다면, 누구도 진정한 감사를 드릴 수 없을 것입니다. 원망하고 불평할 만한 일들은 평생 우리 주위에 있을 것입니다. 그러나 우리는 어떤 상황에서도 하나님의 선하심을 믿고 감사하며 살기로 결심해야 합니다.

감사는 우리를 하나님과 가까이 연결해 주는 통로가 됩니다.

그러나 원망과 불평은 우리를 하나님께로부터 멀어지게 합니다. 감사는 하나님을 기쁘시게 하는 제사이며, 그분의 영광을 드러내는 도구입니다. 범사에 감사하는 삶을 살 때, 하나님은 우리에게 더 큰 축복을 주십니다.

삶의 모든 순간이 예배가 되는 삶

범사에 감사하는 삶이야말로 사도 바울이 말하는 '삶으로 드리는 영적 예배'라고 할 수 있습니다.

> "그러므로 형제들아 내가 하나님의 모든 자비하심으로 너희를 권하노니 너희 몸을 하나님이 기뻐하시는 거룩한 산 제물로 드리라 이는 너희가 드릴 영적 예배니라"(롬 12:1)

여기서 '산 제물'은 우리의 삶 전체를 하나님께 드리는 것을 의미합니다. 구약의 제사는 죽은 동물을 드리는 희생을 요구했지만, 신약에서는 우리의 몸과 삶이 하나님께 드려지는 산 제물이 되어야 한다고 말씀합니다. 산 제물이 된다는 것은 우리의 고집, 교만, 욕망을 내려놓고 온전히 하나님께 자신을 드리는 것을 뜻합니다.

이처럼 온전히 나를 버리는 삶이야말로 하나님께 드리는 온전한 제사가 되며, 그렇게 드리는 제사는 날마다 하나님을 영화롭게 하는 감사의 삶으로 나타납니다(시 50:23). 하나님보다 높아진 우리의 자아를 철저히 내려놓고 하나님께 드려지는 제물이 될 때, 비로소 진정한 감사의 삶을 살 수 있습니다. 우리 안에 미움과 시기, 원망과 다툼을 고집하는 자아가 살아있으면 범사에 감사하는 자아는 설 자리가 없습니다. 하지만 우리의 부정적인 자아가 예수님과 함께 십자가에 못 박히면 미움도, 원망도, 불평도 사라지고 하나님께 감사하는 자아가 살아나게 됩니다.

감사는 교회에서만 드리는 것이 아닙니다. 우리는 일상 속 모든 일에서 감사하며 살아가야 합니다. 감사하는 삶은 하나님께 드리는 진정한 예배입니다. 가정에서, 직장에서, 학교에서 우리의 연약한 자아를 날마다 십자가 앞에 내려놓고, 사랑과 섬김으로 감사하는 삶을 살아갑시다. 우리의 삶이 하나님을 기쁘시게 하는 산 제사이자, 살아있는 예배가 되도록 살아봅시다. 올 한 해가 우리의 삶을 통해 하나님의 영광이 드러나고, 하나님의 뜻이 이루어지는 복된 날들로 가득 채워지길 소망합니다.

적용을 위한 질문

1. 나는 지금 하나님의 영광을 위해 살고 있나요? 내가 이루고자 하는 목표가 하나님의 뜻과 일치하는지 점검해 보세요.

_____

_____

_____

_____

_____

_____

_____

_____

적용을 위한 질문

2. 나의 삶 전체가 하나님께 드려지는 예배가 되려면 무엇을 해야 할지 적어보고 실천해 보세요.

_____

_____

_____

_____

_____

_____

_____

CHAPTER

3

하나님 나라의
신하로
부름받음

"나라가 임하시오며"
마태복음 6장 10절

3 하나님 나라의 신하로 부름받음

주기도문의 두 번째 구절은 '하나님 나라'에 대해 말씀합니다. 여기서 하나님 나라는 인간의 통치가 아닌, '절대 주권자이신 하나님의 통치가 이루어지는 나라'를 의미합니다.

하나님이 주권자로 계시는 곳에서는 모든 혼란과 갈등이 사라지고, 하나님의 뜻이 온전히 이루어집니다. 그러나 오늘날 우리의 현실은 다릅니다. 인간의 탐욕과 다툼으로 인해 가정에서, 직장에서, 사회 곳곳에서 수많은 문제가 발생하고 있습니다. 이러한 혼란은 하나님이 다스리시는 나라가 우리 가운데 임하지 않았기 때문입니다.

1. 하나님의 절대 주권

우리는 하나님이 통치하시는 나라에서 하나님의 절대 주권을 따르는 신하 된 사람들이라고 할 수 있습니다. 우리가 살아가는 사회에서 갈등과 혼란이 끊이지 않는 근본적인 이유는 하나입니다. 바로 하나님의 다스림을 인정하지 않고 따르지 않기 때문입니다. 하나님의 뜻과 방법이 아니라, 인간적인 지식과 지혜를 따라가기 때문에 문제가 발생하는 것입니다.

통치자 하나님의 절대 주권을 인정하지 않고 세상을 따라 사는 것은 그분의 신하 된 사람들의 도리가 아닙니다. 우리가 따라야 할 십계명의 첫 번째 계명처럼 오직 하나님만이 우리가 순종하고 섬겨야 할 유일한 절대자이심을 기억해야 합니다.

"너는 나 외에는 다른 신들을 네게 두지 말라"(출 20:3)

한 걸음 더 나아가 하나님 나라의 신하는 개인의 삶과 자신이 속한 공동체와 나라 가운데 하나님의 통치가 이루어지도록 기도해야 합니다. 이러한 기도가 바로 주기도문에 담겨있습니다.

"나라가 임하시오며" (마 6:10a)

하나님의 통치를 간구하는 기도는 해도 되고 안 해도 되는 기도가 아닙니다. 우리는 기도할 때마다 "우리 가운데 하나님의 나라가 임하게 해주옵소서. 하나님의 주권적인 통치가 임하게 해주옵소서."라고 기도해야 합니다.

우리의 삶에 하나님의 나라가 임할 때 뒤엉킨 인생의 실타래가 풀릴 것입니다. 우리 크리스천 한 사람 한 사람이 하나님의 신하로서의 삶을 살아갈 때, 가정이 변하고, 직장이 변하고, 사회가 변하게 될 것입니다. 하나님의 나라가 임하는 곳마다 혼돈이 물러가고 질서가 세워지며, 분열이 사라지고 평화가 임할 것입니다.

2. 하나님 나라의 충성된 신하

하나님 나라의 신하에게 가장 필요한 덕목은 충성입니다. 충성된 신하가 된다는 것은 우리의 모든 것을 하나님께 내어드리는 삶을 살아가는 것입니다. 우리의 고집, 교만, 욕망을 내려놓고 오직 하나님만을 섬기는 태도를 갖는 것입니다.

"그리고 맡은 자들에게 구할 것은 충성이니라" (고전 4:2)

오직 하나님께 충성

신하는 두 주인을 섬길 수 없습니다. 하나님 나라의 신하 된 우리가 충성해야 할 분은 오직 한 분, 하나님이십니다. 우리가 하나님께 우리의 호흡이 다하는 날까지 온전히 헌신할 때, 하나님 나라의 충성된 신하로 인정받고 주님이 주시는 상을 받게 될 것입니다.

하나님이 베푸시는 상은 우리의 생각을 초월하는 놀라운 것입니다. 그러나 하나님의 뜻을 거스르고 불충한 삶을 산다면, 그 대가는 결코 가볍지 않다는 경고도 잊지 말아야 합니다.

"너를 위하여 새긴 우상을 만들지 말고 또 위로 하늘에 있는 것이나 아래로 땅에 있는 것이나 땅 아래 물 속에 있는 것의 어떤 형상도 만들지 말며 그것들에게 절하지 말며 그것들을 섬기지 말라 나 네 하나님 야훼는 질투하는 하나님인즉 나를 미워하는 자의 죄를 갚되 아버지로부터 아들에게로 삼사 대까지 이르게 하거니와 나를 사랑하고 내 계명을 지키는 자에게는 천 대까지 은혜를 베푸느니라"(출 20:4-6)

성경은 불순종의 결과가 삼사 대에 이르기까지 심판으로 나타날 수 있다고 말씀합니다. 이는 단순한 경고가 아니라, 우리가 하나님 앞에 철저히 순종하고 충성된 신하로 살아야 할 분명한 이유를 보여줍니다. 하나님은 우리가 그분을 사랑하고 그분의 계명을 지킬 때 천 대까지 은혜를 베푸는 분이십니다. 이 은혜는 우리의 삶을 풍성하게 하고, 하나님 나라의 축복을 누리게 합니다.

그러므로 우리는 마음속에서 하나님보다 더 사랑하는 것이 있다면 철저히 제거해야 합니다. 물질, 권력, 인기, 심지어 자녀까지도 하나님보다 더 사랑한다면 그것은 우리의 삶을 망가뜨리는 우상이 될 수 있습니다.

하나님보다 더 사랑하는 것이 있는가?

우리가 이 세상을 살아가는 동안 충성된 신앙생활을 하는 데 방해되는 대표적인 우상은 무엇일까요?

첫째, 물질의 우상이 있습니다. 물질, 즉 돈이나 재물 자체가 악한 것은 아닙니다. 그러나 물질을 하나님보다 더 사랑하여 물질만을 추구한다면, 그것은 곧 우상숭배가 됩니다. 하나님 나라의 신하로서 우리는 물질의 축복, 그 자체에 머물지 않고 하나님께 받은 복으로 이웃을 섬기며 하나님께 영광 돌리는 삶을 살아야 합니다.

둘째, 권력의 우상입니다. 우리나라의 많은 정치인이 권력의 우상에 사로잡혀 있습니다. 사실 권력은 국민을 섬기라고 잠시 맡겨진 것인데, 이를 자신의 소유로 착각하고 남용할 때 문제가 생깁니다. 국민 위에 군림하려는 태도는 결국 갈등과 혼란을 초래합니다. 권력은 섬김의 도구가 되어야 하며, 그 섬김은 궁극적으로 하나님께 충성하는 삶이 되어야 한다는 것을 잊지 말아야 합니다.

셋째, 인기의 우상입니다. 다른 사람들에게 사랑과 호감을 얻는 것은 기쁜 일이지만, 인기에 지나치게 집착하면 큰 낙심과 절망에 빠질 수 있습니다. 안타깝게도 연예인들 가운데에는 인기가 떨어지는 상황을 견디지 못해 마약에 손을 대거나 심지어 죽음을 선택하는 경우도 있습니다. 그러나 우리는 세상 모든 사람이 외면해도 하나님은 언제나 우리와 함께하신다는 사실을 기억해야 합니다.

넷째, 자녀의 우상입니다. 자녀를 사랑하는 것은 부모로서 당연한 일입니다. 그러나 자녀가 사고를 치고 문제를 일으켜도 감싸기만 하고 훈육하지 않는다면, 이는 오히려 자녀의 인생을 망치는 길이 될 수 있습니다. 자녀를 하나님보다 더 소중하게 여기는 태도는 우상숭배와 다를 바가 없습니다. 우리는 우리의 자녀를 하나님이 맡기신 기업으로 여기며 올바르게 양육해야 합니다.

결국, 내 마음의 중심에 하나님 외에 다른 것이 있다면 그것이 우상이라고 할 수 있습니다. 물질, 권력, 인기, 자녀를 사랑하는 마음이 하나님을 사랑하는 마음보다 커진다면 그것이 바로 우상숭배가 됩니다. 하나님이 우리 마음과 삶의 중심에 계셔야 합니다. 하나님을 가장 우선에 두고, 그분께 순종하며 살아갈 때, 우리의 삶은 하나님의 은혜로 충만해질 것입니다.

하나님 제일주의와 축복

우리는 철저히 하나님 제일주의로 살아야 합니다. 그런데 우리 삶의 우선순위가 바뀌어 다른 것이 하나님 앞에 놓이면, 결국 모든 것이 뒤죽박죽이 되어버립니다.

세상을 살다 보면 무시당하거나 억울한 일을 겪고, 때로는 남들이 나를 알아주지 않는 상황 때문에 속상할 때도 있습니다. 이러한 일들은 인간관계 속에서 늘 일어나는 일입니다. 그러나 중요한 것은 세상 사람들의 시선이나 평가가 아니라, 하나님이 나를 어떻게 보시는가입니다. 하나님께 인정받느냐 아니냐에 따라 우리 인생이 달라집니다. 우리가 하나님만을 사랑하고 섬긴다면, 하나님은 반드시 우리를 높이셔서 세상 사람들에게도 인정과 칭찬을 받게 하실 것입니다.

요셉의 인생은 이러한 원리를 잘 보여줍니다. 그는 13년 동안 사람들에게 멸시당하고 버림받는 고통의 시간을 보냈습니다. 형들에게 버림받아 노예로 팔리고, 보디발의 아내에게 모함당해 억울하게 감옥에 갇히는 등 수많은 시련을 겪었습니다. 그러나 요셉은 어떤 상황에서도 하나님을 향한 믿음과 충성을 잃지 않았습니다. 결국 하나님은 요셉을 인정하셔서 애굽의 총리로 세우셨고, 그는 하나님께 영광을 돌리는 삶을 살며 많은 사람의 칭송을 받았습니다. 우리도 요셉처럼 하나님 나라의 충성된 신하로 살아간다면 하나님은 반드시 우리를 높여주실 것입니다.

과거 여의도순복음교회가 서대문에 있던 시절, 많은 성도님이 극심한 가난 속에서 살아가며 보릿고개를 넘기느라 하루하루를 힘겹게 버텼습니다. 하지만 그런 어려운 환경 속에서도 우리 성도님들은 낙심하지 않고 하나님 나라를 위해 충성하며 교회를 위해 헌신했습니다. 당시에는 매일같이 예배와 기도가 이어졌고, 조용기 목사님은 일 년에 여섯 차례 부흥회를 열며 성도들과 함께 뜨겁게 하나님께 간구했습니다. 중고등학교 시절에 저 역시 매일 교회에 나가 부흥회에 참석했던 기억이 있습니다. 그 결과, 많은 성도님이 하나님께 인정받아 넘치는 복을 누리며 사람들에게도 인정받는 복 받은 인생을 살게 된 것을 저는 똑똑히 보았습니다.

하나님 나라의 충성된 신하가 되어 하나님만을 사랑하며 섬기는 '하나님 제일주의'의 삶을 사시길 바랍니다. 하나님의 신하로서 교회에서 열심히 봉사하고 자기 삶의 자리에서 하나님께 영광 돌리시기를 바랍니다. 그리할 때 하나님이 우리의 삶을 형통케 하실 것이며, 마지막 때에 생명의 관을 우리 머리에 씌어주실 것입니다.

"네가 죽도록 충성하라 그리하면 내가 생명의 관을 네게 주리라"(계 2:10b)

3. 우리에게 임하는 하나님 나라

예수님은 공생애 기간에 하나님 나라에 대해 말씀하시며, 그 나라가 우리 안에 있다고 가르쳐 주셨습니다.

"바리새인들이 하나님의 나라가 어느 때에 임하나이까 묻거늘 예수께서 대답하여 이르시되 하나님의 나라는 볼 수 있게 임하는 것이 아니요 또 여기 있다 저기 있다고도 못하리니 하나님의 나라는 너희 안에 있느니라"(눅 17:20-21)

마음에 임한 하나님의 나라

하나님의 나라는 우리 마음에 임합니다. 로마서 14장 17절은 하나님 나라를 "의와 평강과 희락"으로 묘사합니다. 즉, 우리 마음이 하나님의 공의와 평화, 기쁨으로 가득할 때 하나님 나라가 임한 것입니다. 반면에 불안과 염려, 근심이 우리의 마음을 지배한다면 하나님 나라가 온전히 임하지 않은 것입니다.

지금 자신의 마음을 점검해 보세요. 평안이 있나요? 기쁨이 넘치고 있나요? 찬송가 가사처럼 "나의 맘속이 늘 평안해. 나의 맘속이 늘 평안해. 악한 죄 파도가 많으나 맘이 늘 평안해."라고 고백할 수 있다면, 그 마음 가운데 하나님 나라가 임한 것입니다. 하나님의 나라가 마음에 임한 사람은 어떤 고난이나 환란 속에서도 평안과 감사로 주님을 찬양할 수 있습니다. 이러한 평안이 있을 때 우리의 삶에 하나님의 축복이 넘쳐나게 될 것입니다.

마음이 겸손한 자

그렇다면 하나님의 나라가 누구에게 임할까요? 예수님은 마음이 겸손한 자에게 하나님의 나라가 임한다고 말씀하셨습니다.

> "심령이 가난한 자는 복이 있나니 천국이 그들의 것임이요."(마 5:3)

하나님은 교만한 자를 사용하지 않으십니다. 아담과 하와가 타락한 이유도 하나님처럼 되고자 했던 교만에서 비롯되었습니다. 교만은 인간을 타락시키는 마귀의 도구이며, 모든 죄악의 뿌리가 됩니다. 따라서 우리는 항상 교만을 경계해야 합니다.

조선시대의 신하들이 왕 앞에서 머리를 들지 못했던 것처럼, 하나님 앞에서도 우리는 겸손히 엎드려야 합니다. "나는 아무것도 아닙니다. 모든 것이 하나님의 은혜입니다."라고 고백하며 겸손히 나아갈 때, 모든 사람이 하나님의 나라, 곧 하나님의 통치하심이 우리 가운데 임한 것을 보게 될 것입니다.

4. 교회를 통한 하나님 나라의 확장

하나님의 나라는 교회를 통해 확장됩니다. 이는 마태복음 16장에 기록된 예수님과 베드로의 대화에서 잘 드러납니다.

> "시몬 베드로가 대답하여 이르되 주는 그리스도시요 살아 계신 하나님의 아들이시니이다 예수께서 대답하여 이르시되 바요나 시몬아 네가 복이 있도다 이를 네게 알게 한 이는 혈육이 아니요 하늘에 계신 내 아버지시니라 또 내가 네게 이르노니 너는 베드로라 내가 이 반석 위에 내 교회를 세우리니 음부의 권세가 이기지 못하리라"(마 16:16-18)

예수님은 "주는 그리스도시요 살아 계신 하나님의 아들"이라는 베드로의 고백 위에 교회를 세우시겠다고 말씀하셨습니다. 교회는 하나님의 나라를 확장하고 마귀의 세력을 이기며 세상에 하나님의 나라를 세우는 유일한 통로입니다. 교회는 단순한 건물이 아니라, 하나님 구원의 터전이며 은혜의 방주입니다.

이곳에서 하나님의 사랑과 복음을 전하고 잃어버린 영혼들을 하나님께로 인도하며, 세상 가운데 하나님의 공의를 전할 책임을 감당해야 합니다. 때로는 교회가 세상에서 오해받고 핍박을 당할지라도, 하나님은 교회를 통해 일하십니다. 그러므로 교회는 어떤 상황 속에서도 하나님 나라를 확장하는 일에 힘써야 할 것입니다.

하나님은 우리를 하나님 나라의 신하로 부르셨습니다. 우리 모두 일평생 하나님의 충성된 신하로 살기를 소망합니다. 하나님 외에 다른 우상을 섬기지 않고 오직 하나님만을 사랑하고 섬기며, 겸손히 맡겨진 사명에 최선을 다할 때, 하나님께 영광을 올려드리는 귀한 일꾼으로 쓰임 받게 될 것입니다.

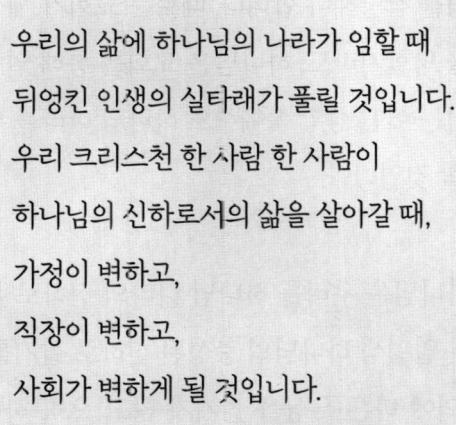

우리의 삶에 하나님의 나라가 임할 때
뒤엉킨 인생의 실타래가 풀릴 것입니다.
우리 크리스천 한 사람 한 사람이
하나님의 신하로서의 삶을 살아갈 때,
가정이 변하고,
직장이 변하고,
사회가 변하게 될 것입니다.

적용을 위한 질문

1. 내가 하나님보다 더 사랑하는 것이 있는지 살펴보고, 자신의 신앙을 점검하는 시간을 가져보세요.

_____

_____

_____

_____

_____

_____

_____

_____

적용을 위한 질문

2. 내가 하나님 나라의 신하로서 하나님 나라의 확장을 위해 무엇을 할 수 있을지 구체적으로 적어보세요.

_____

_____

_____

_____

_____

_____

_____

_____

CHAPTER
4

하나님의 뜻에
순종하도록
종으로
부름받음

"뜻이 하늘에서 이루어진 것 같이
땅에서도 이루어지이다"
마태복음 6장 10절

4 하나님의 뜻에 순종하도록 종으로 부름받음

하나님이 우리를 부르신 목적은 그분의 뜻을 이루기 위함입니다. 예수님이 "뜻이 하늘에서 이루어진 것 같이 땅에서도 이루어지이다"라고 기도를 가르치셨던 것도, 제자들이 이 땅에서 하나님의 뜻을 이루며 살아가기를 원하셨기 때문입니다.

따라서 크리스천은 자기가 원하는 대로 사는 것이 아니라 하나님의 뜻을 이루는 삶을 살아야 합니다. 우리의 진정한 주인은 하나님이시고, 우리는 하나님의 뜻에 절대적으로 순종하며 살아가는 하나님의 종이 되어야 합니다.

1. 우리는 종으로 부름받았다

성경은 하나님과 우리의 관계를 여러 방식으로 설명하는데 그중 하나가 주인과 종의 관계입니다. '종'은 '남의 집에 딸려 천한 일을 하는 사람' 혹은 '남에게 얽매여 그 명령에 따라 움직이는 사람'을 뜻합니다. 종은 주인에게 예속되어 있으며 그의 명령에 순종하고 섬겨야 할 의무가 있는 사람입니다. 성경은 우리를 가리켜 하나님의 종이라고 말씀합니다.

"그러나 나의 종 너 이스라엘아 내가 택한 야곱아 나의 벗 아브라함의 자손아 내가 땅 끝에서부터 너를 붙들며 땅 모퉁이에서부터 너를 부르고 네게 이르기를 너는 나의 종이라 내가 너를 택하고 싫어하여 버리지 아니하였다 하였노라"(사 41:8-9)

우리는 본래 죄를 따라 살아가던 죄의 종이었습니다. 그러나 긍휼과 자비가 풍성하신 하나님이 예수 그리스도를 통해 우리를 죄에서 해방하시고, 하나님의 말씀과 뜻을 따라 살아가는 하나님의 종으로 변화시켜 주셨습니다. 죄의 종이었던 우리가 하나님의 종이라는 새로운 신분을 얻게 된 것입니다.

> "그러나 이제는 너희가 죄로부터 해방되고 하나님께 종이 되어 거룩함에 이르는 열매를 맺었으니 그 마지막은 영생이라"(롬 6:22)

모든 불행은 하나님의 뜻대로 살지 않는 데서 시작됩니다. 그렇기 때문에 우리는 절대적으로 하나님의 뜻을 따라 세상과 구별된 거룩한 삶을 살아가야 합니다. 어떤 상황에서도 하나님을 주인으로 모시고 살아갈 때 우리는 위대한 하나님의 사람이 될 수 있습니다.

2 종은 주인의 명령에 철저히 순종해야 한다

종의 존재 목적은 무엇일까요? 그것은 바로 주인의 명령에 철저히 순종하는 것입니다.

섬김의 사명을 받은 종

하나님은 우리에게 종으로서 신실하게 섬기는 사명을 주셨습니다.

> "또한 모세는 장래에 말할 것을 증언하기 위하여 하나님의 온 집에서 종으로서 신실하였고"(히 3:5)

모세는 원래 자아가 강한 사람이었습니다. 애굽에서 왕자로 40년간 살면서 자신의 힘으로 이스라엘 동족을 구출하려는 열망에 불타고 있었습니다. 이러한 모습은 이스라엘 동족을 학대하는 애굽 사람을 보고 분노하여 그를 쳐 죽인 사건에서 잘 나타납니다.

하나님은 모세의 자아를 깨뜨리기 위해 그를 광야로 보내셨습니다. 광야에서의 40년은 모세가 하나님의 종으로 쓰임 받기 위해 준비되는 연단의 시간이었습니다. 광야에서 모세는 철저히 깨어지고 낮아졌습니다.

80세가 되어 완전히 깨어진 모세는 떨기나무 불꽃에 임하신 하나님의 부르심을 받았습니다. 하나님은 그에게 이스라엘 백성을 애굽의 압제에서 이끌어내는 사명을 주셨습니다. 그러나 모세는 하나님 앞에 자신의 연약함과 무력함을 고백할 수밖에 없었습니다. 자신의 힘과 능력으로는 아무것도 할 수 없다는 사실을 너무나 잘 알고 있던 모세의 태도야말로 하나님이 쓰시기에 합당한 종의 자세였습니다.

이처럼 하나님을 신실하게 섬기는 종의 사명을 감당하려면 무엇보다 우리의 자아가 깨어져야 합니다. 하나님의 종이 된다는 것은 결국 하나님을 내 삶의 주인으로 모시는 일입니다. 하지만 우리의 마음속에는 하나님을 주인으로 모시려는 마음과 여전히 내가 주인이 되려는 욕심이 부딪힙니다.

그러므로 우리는 이러한 완고한 자아를 깨뜨려야 합니다. 과거에는 내 뜻대로 살았을지라도, 이제는 하나님께 내 삶의 주권을 온전히 맡겨야 합니다. 모세와 함께하셨던 하나님은 오늘도 동일하게 역사하십니다. 하나님은 당신을 삶의 주인으로 인정하며 살아가는 사람들을 통해 위대한 뜻을 이루어가십니다.

무익함을 인정하는 종

종이 주인의 뜻에 순종하는 것은 당연한 의무입니다. 예수님은 누가복음 17장에서 제자들에게 종의 올바른 자세를 가르치셨습니다.

"너희 중 누구에게 밭을 갈거나 양을 치거나 하는 종이 있어 밭에서 돌아오면 그더러 곧 와 앉아서 먹으라 말할 자가 있느냐 도리어 그더러 내 먹을 것을 준비하고 띠를 띠고 내가 먹고 마시는 동안에 수종들고 너는 그 후에 먹고 마시라 하지 않겠느냐 명한 대로 하였다고 종에게 감사하겠느냐"(눅 17:7-9)

종은 주인의 식사를 먼저 준비하고 섬긴 후에야 비로소 자기 식사를 할 수 있습니다. 이것은 종이 마땅히 해야 할 일이므로 주인이 특별히 감사할 필요가 없는 것입니다. 종은 단순히 자신에게 주어진 일을 감당했을 뿐입니다.

예수님은 이어서 이렇게 말씀하십니다.

"이와 같이 너희도 명령 받은 것을 다 행한 후에 이르기를 우리는 무익한 종이라 우리가 하여야 할 일을 한 것뿐이라 할지니라"(눅 17:10)

여기서 '무익한'이라는 표현은 영어 성경에서 'unworthy'로 번역됩니다. 이는 우리가 어떤 칭찬이나 보상을 받을 자격이 없다는 의미입니다. 즉, 종은 자신이 해야 할 일을 했다고 해서 특별한 대접을 기대할 수 없는 존재임을 나타냅니다.

우리도 하나님을 섬길 때, 대가를 바라기보다는 그저 겸손하게 맡겨진 일을 감당해야 합니다. 하나님은 우리가 높임을 받거나 자랑하도록 우리를 종으로 부르신 것이 아닙니다. 아무리 많은 수고와 헌신을 했더라도 우리는 여전히 하나님의 은혜 없이는 아무것도 아닌 '무익한 종'입니다.

하나님이 원하시는 참된 종의 모습은 겸손과 순종에서 드러납니다. 우리의 사명은 하나님의 뜻을 이루는 것이며 하나님의 영광을 위해 살아가는 것입니다.

"나더러 주여 주여 하는 자마다 다 천국에 들어갈 것이 아니요 다만 하늘에 계신 내 아버지의 뜻대로 행하는 자라야 들어가리라"(마 7:21)

3. 종은 오직 주인을 위해 존재한다

우리는 하나님의 종으로서 하나님을 위해 살아가는 존재입니다. 그러므로 언제나 하나님의 뜻을 따라 살기를 소망해야 합니다.

주인의 소유가 된 종

예수님은 인류의 죄를 대속하기 위해 십자가를 지시기 전날 밤, 이렇게 기도하셨습니다.

"조금 나아가사 얼굴을 땅에 대시고 엎드려 기도하여 이르시되 내 아버지여 만일 할 만하시거든 이 잔을 내게서 지나가게 하옵소서 그러나 나의 원대로 마시옵고 아버지의 원대로 하옵소서 하시고"(마 26:39)

이 기도에서 우리는 예수님의 겸손과 순종의 모습을 볼 수 있습니다. 예수님은 자신의 뜻보다 하나님의 뜻을 따르는 것을 선택하셨습니다.

우리 삶에서 일어나는 많은 문제는 '내'가 중심이 되어 살아가는 데서 비롯됩니다. 나 중심의 삶은 세상을 자기중심적으로 바라보게 하고 모든 일을 자기 입장에서 해석하게 합니다. 이런 삶의 태도는 하나님과의 관계를 멀어지게 하고 주변 사람들과의 갈등을 초래합니다.

반대로, 하나님 중심의 삶은 하나님의 관점에서 세상을 바라보며 하나님의 말씀에 순종하는 삶입니다. 하나님 중심으로 살아가는 사람은 자신의 판단보다 하나님의 뜻을 우선으로 삼고, 세상의 가치관보다 하나님의 말씀을 기준으로 삼아 살아갑니다. 우리는 하나님의 종으로 부름 받았다는 사실을 늘 기억해야 합니다. 우리의 모든 생각과 행동은 하나님의 영광을 위한 것이 되어야 합니다.

"야곱아 너를 창조하신 야훼께서 지금 말씀하시느니라 이스라엘아 너를 지으신 이가 말씀하시느니라 너는 두려워하지 말라 내가 너를 구속하였고 내가 너를 지명하여 불렀나니 너는 내 것이라"(사 43:1)

우리가 100% 하나님의 소유 된 삶을 살아갈 때 하나님이 우리의 모든 것을 책임져 주십니다. 이 사실을 믿는다면 우리는 어떤 상황에서도 두려워할 필요가 없습니다. 우리가 삶의 주인 되신 하나님의 뜻에 전적으로 순종하면 우리의 영혼이 잘됨같이 범사가 잘되고 강건하게 되는 풍성한 은혜가 임할 것입니다.

주인 의식을 가진 종

우리는 하나님의 종으로서 하나님의 마음을 헤아리고 하나님의 뜻을 우리의 뜻으로 삼아야 합니다. 세상에서도 사장의 마음을 가지고 일하는 직원은 개인적으로 성장할 뿐만 아니라 회사의 발전에도 긍정적인 영향을 미칩니다.

현대그룹의 창업주 정주영 회장은 젊은 시절 한 쌀 가게에서 일하게 되었습니다. 그는 단순히 직원으로서 일한 것이 아니라, 주인의 마음을 가지고 최선을 다했습니다. 매일 새벽 일찍 나와 가게 앞을 깨끗이 청소하고, 흩어진 쌀가마와 곡식 자루를 정리했습니다.

가장 힘든 일은 무거운 쌀을 자전거로 배달하는 일이었습니다. 하지만 그는 이를 극복하기 위해 사흘 동안 밤을 새워가며 연습했고 마침내 두 가마의 쌀을 한 번에 싣고도 신속하게 배달할 수 있는 최고의 배달꾼이 되었습니다. 또한 고객들의 주문 주기를 기억하여 사람들이 요청하기 전에 미리 쌀을 배달해 주었습니다. 이러한 그의 수완과 성실함에 동네 사람들은 감탄했고, 그의 명성이 널리 퍼졌습니다. 결국 쌀 가게 주인은 아들이 아닌 정주영 직원에게 가게를 물려주었습니다. 그는 이 경험을 발판 삼아 현대라고 하는 세계적인 기업을 일구어냈습니다.

이처럼 주인의 마음으로 최선을 다하는 것은 성공의 열쇠가 됩니다. 사람에게 인정받아도 인생이 역전될 수 있는데, 하물며 만물의 창조주이신 하나님께 충성된 종으로 살아간다면 우리는 얼마나 큰 복을 받게 될까요?

> "주께서 이르시되 지혜 있고 진실한 청지기가 되어 주인에게 그 집 종들을 맡아 때를 따라 양식을 나누어 줄 자가 누구냐 주인이 이를 때에 그 종이 그렇게 하는 것을 보면 그 종은 복이 있으리로다"(눅 12:42-43)

크리스천은 지혜롭고 진실한 청지기로 살아야 합니다. 청지기는 주인의 뜻에 따라 집안의 모든 일을 관리하는 책임이 있습니다. 그러려면 무엇보다 주인의 마음을 깊이 이해하고 그 뜻에 따라 행동해야 합니다.

우리도 어떤 일을 하기 전에 스스로에게 물어보아야 합니다. '하나님이라면 이 일을 어떻게 하실까?' 성숙한 크리스천은 단순히 하나님을 믿고 의지하는 데 그치지 않고, 하나님의 뜻을 깨닫고 맡겨주신 사명을 충성스럽게 감당합니다.

> "내가 참으로 너희에게 이르노니 주인이 그 모든 소유를 그에게 맡기리라"(눅 12:44)

성경 속에서 요셉은 누구보다 충성된 청지기의 삶을 살아

낸 인물입니다. 그는 노예로 팔리고 억울하게 감옥에 갇히는 등 여러 역경을 겪었지만, 어디에서나 주인의식을 가지고 맡겨진 일을 처리했습니다. 하나님은 그런 요셉에게 은혜를 베푸셔서 가는 곳마다 사람들에게 인정받고 모든 일에 형통케 하셨습니다.

우리도 요셉처럼 어디서 무엇을 하든지 하나님의 마음을 품고 성실하게 행해야 합니다. 하나님의 마음으로 섬길 때 보이지 않던 것들이 보이기 시작하고, 모든 일에 기쁨과 감사가 넘칠 것입니다. 하나님은 이러한 충성된 종들을 통해 영광을 받으시고, 그들의 삶을 형통하게 하셔서 주변 사람들에게도 인정받게 하십니다.

우리는 하나님의 종으로서 말씀에 온전히 순종하며 이 땅에서 하나님의 축복을 풍성히 누리는 삶을 살아야 합니다. 그리고 언젠가 하나님 앞에 서서 삶을 결산할 때, "잘하였도다. 착하고 충성된 종아!"라고 칭찬을 받는 복된 종이 되시기를 소망합니다.

적용을 위한 질문

1. 내가 하나님보다 더 의지하거나 우선시하는 것들은 무엇인가요?

_____

_____

_____

_____

_____

_____

_____

적용을 위한 질문

2. '하나님 중심'으로 살기 위해 일상에서 실천할 수 있는 일들을 적어보세요.

_____

_____

_____

_____

_____

_____

_____

CHAPTER 5

하나님의 은혜로 사는 인생

"오늘 우리에게
일용할 양식을 주시옵고"
마태복음 6장 11절

5 하나님의 은혜로 사는 인생

주기도문의 전반부(마 6:9-10)가 이 땅에 하나님의 나라와 하나님의 뜻을 이루기 위한 거룩한 사명을 강조한다면, 후반부(마 6:11-13)는 현실의 삶 속에서 우리가 하나님께 구해야 할 기도에 대해 말씀합니다. 예수님은 주기도문 후반부에서 첫 번째 기도로, 하나님께 "일용할 양식"을 구하라고 가르쳐 주셨습니다.

"오늘 우리에게 일용할 양식을 주시옵고"(마 6:11)

1. 매 순간 하나님의 도우심을 바라보라

우리는 하늘의 소망을 바라보며 살아가는 천국 백성이지만, 우리의 두 발은 현실이라는 땅을 딛고 서있습니다. 그렇기에 이 세상을 살아가면서 겪어야 하는 현실적인 문제를 무시할 수 없습니다. 예수님은 제자들이 영적인 것뿐만 아니라, 현실적인 필요에 대해서도 하나님의 도우심이 절대적으로 필요함을 아셨습니다. 이에 우리가 매일의 삶 속에서 어려움을 겪을 때마다 하나님을 바라보며 그분의 도우심을 구해야 한다고 가르쳐 주신 것입니다.

구걸하는 인생

사도행전 3장을 보면 성전 미문에 앉아 구걸하며 살아가는 한 사람이 등장합니다.

> "제 구 시 기도 시간에 베드로와 요한이 성전에 올라갈새 나면서 못 걷게 된 이를 사람들이 메고 오니 이는 성전에 들어가는 사람들에게 구걸하기 위하여 날마다 미문이라는 성전 문에 두는 자라"(행 3:1-2)

이 사람은 태어나면서부터 걷지 못하는 장애를 가지고 있었습니다. 그렇기에 자신의 힘으로는 생계를 꾸릴 수 없었고, 날마다 성전 미문 앞에 앉아 지나가는 사람들에게 도움을 구하며 살아갈 수밖에 없었습니다. 겉으로 보기에는 그의 삶과 우리의 삶이 전혀 다르게 보일 수 있습니다. 하지만 영적인 관점에서 보면, 그의 처지와 우리의 처지는 크게 다르지 않습니다.

우리는 태어날 때부터 영적으로 온전하지 못한 죄인이었습니다. 로마서 3장 10절에서 "의인은 없나니 하나도 없으며"라고 말씀한 것처럼 의인으로 태어난 사람은 한 사람도 없습니다. 오직 예수님만이 죄 없이 온전한 의인으로 태어나셨습니다. 그분을 제외한 모든 사람은 죄 가운데 태어나고, 죄 가운데 살아가며, 죄 가운데 죽을 수밖에 없는 운명에 처해 있습니다. 성전 미문 앞에서 구걸하며 살아가는 이 사람처럼, 우리도 스스로의 힘으로는 아무것도 할 수 없는 절망적인 상태에 있었습니다.

우리의 인생이 겉으로는 풍요롭게 보일 수 있지만, 영적인 실상은 구걸하는 인생과 다를 바 없습니다. 매일 음식을 구걸하는 사람이나, 매일 돈을 쫓아다니는 사람이나 본질적으로는 같은 것입니다.

죄의 형벌로 저주받은 환경

인간은 누구나 이 땅에 태어나는 순간부터 가시와 엉겅퀴가 뒤덮인 척박한 인생을 살아갈 수밖에 없습니다. 이와 관련해 창세기 3장 17절에서 19절은 다음과 같이 말씀합니다.

> "아담에게 이르시되 네가 네 아내의 말을 듣고 내가 네게 먹지 말라 한 나무의 열매를 먹었은즉 땅은 너로 말미암아 저주를 받고 너는 네 평생에 수고하여야 그 소산을 먹으리라 땅이 네게 가시덤불과 엉겅퀴를 낼 것이라 네가 먹을 것은 밭의 채소인즉 네가 흙으로 돌아갈 때까지 얼굴에 땀을 흘려야 먹을 것을 먹으리니 네가 그것에서 취함을 입었음이라 너는 흙이니 흙으로 돌아갈 것이니라 하시니라"
> (창 3:17-19)

인류의 조상인 아담과 하와는 에덴동산에서 하나님이 주신 풍요를 누리며 살았습니다. 그러나 그들이 하나님께 불순종의 죄를 지음으로 심판받아 이 땅에 사망이 들어오고, 인간을 둘러싼 모든 환경이 저주받게 되었습니다. 그때부터 인간은 매일 먹을 것을 얻기 위해 땀 흘리며 수고해야 하는 처지로 전락했습니다. 이것이 죄로 인해 타락한 인간의 현실입니다.

일용할 양식을 구하는 인생

세상 사람들은 자기 힘으로 돈을 벌어 일용할 양식을 마련한다고 생각할 수 있습니다. 그러나 크리스천은 예수님이 주기도문에서 가르쳐 주신 대로 하나님께 나아가 "오늘 우리에게 일용할 양식을 주옵소서."라고 기도해야 합니다.

종교개혁자 마틴 루터가 지은 찬송가 585장 「내 주는 강한 성이요」의 2절에는 다음과 같은 가사가 있습니다. "내 힘만 의지할 때는 패할 수밖에 없도다." 루터가 고백한 것처럼 자신의 힘을 의지하는 사람은 감당할 수 없는 큰 문제에 부딪힐 때 결국 무너질 수밖에 없습니다. '나'라는 존재는 연약하고 부서지기 쉬운 존재입니다. 그러므로 한없이 부족한 '나'를 의지하면 안 됩니다. 우리는 자신의 힘이 아니라 영원하고 전능하신 하나님을 의지해야 합니다. 자비와 긍휼의 하나님을 신뢰할 때 하나님은 우리의 모든 필요를 채워주십니다.

"그러므로 내가 너희에게 이르노니 목숨을 위하여 무엇을 먹을까 무엇을 마실까 몸을 위하여 무엇을 입을까 염려하지 말라 목숨이 음식보다 중하지 아니하며 몸이 의복보다 중하지 아니하냐 … 이는 다 이방인들이 구하는 것이라 너희 하늘 아버지께서 이 모든 것이 너희에게 있어야 할 줄을 아시느니라"(마 6:25, 32)

우리는 삶의 필요와 도움을 어디에서 구하고 있습니까? 사람을 의지하고, 자기의 지혜를 의지할 때 우리는 실패할 수밖에 없습니다. 그러나 우리의 모든 필요를 아시는 하나님을 의지할 때 하나님은 우리에게 일용할 양식을 공급하시며 우리의 삶을 돌보아 주십니다.

"나의 하나님이 그리스도 예수 안에서 영광 가운데 그 풍성한 대로 너희 모든 쓸 것을 채우시리라"(빌 4:19)

그러므로 우리의 필요를 하나님께 맡기며 그분의 공급하심을 신뢰하는 삶을 살아갑시다. 우리에게 일용할 양식을 주시며, 날마다 우리를 돌보시는 하나님의 은혜를 누리길 바랍니다.

2. 하나님의 은혜로 살아가라

우리는 매일매일 하나님의 은혜로 살아갑니다. 우리가 살아 숨 쉬는 것도 은혜이며, 오늘 우리에게 새로운 하루를 주신 것도 은혜입니다.

오늘 하루, 은혜로 산다

이 땅에서의 삶은 참으로 덧없습니다. 제가 오늘 새벽, 집에서 나오는 길에 장로님 한 분이 천국에 가셨다는 메시지를 받았습니다. 삶과 죽음에 대해 다시금 깊이 생각하게 되는 순간이었습니다. 사람은 태어난 순서대로 이 세상을 떠나는 것이 아닙니다. 하나님이 부르시면 누구든지, 언제든 그 부르심에 응해야 합니다. 그러나 우리는 그날과 그때를 알 수 없기에 주어진 하루하루를 최선을 다해 살아야 합니다. 오늘도 하나님이 기뻐하시는 삶을 살아가며, 그분의 뜻을 이루는 하루가 되어야 합니다.

　세상에는 미래에 대한 불안감으로 무속인을 찾아가는 사람들이 많습니다. 그들은 자신의 앞날을 알고 싶어 무속인에게 묻지만, 정작 무속인도 인간일 뿐입니다. 자신의 한 치 앞도 내다볼 수 없는 사람이 어떻게 다른 사람의 앞날을 말해 줄 수 있겠습니까? 우리는 모든 것을 아시고 다스리시는 전능하신 하나님을 더욱 의지해야 합니다. 하나님만이 우리의 삶을 온전히 아시며, 가장 선한 길로 인도하시는 분이십니다. 그러므로 불확실한 미래에 불안해 하기보다, 그분께 우리의 모든 것을 맡기고 신뢰하는 삶을 살아야 합니다.

　우리는 언제 어디서 하나님의 부르심을 받을지 알 수 없습니다. 그러므로 항상 주님을 기쁨으로 맞이할 수 있도록 준비된 삶을 살아야 합니다. 죄짓고 불의하고 방탕한 모습으로 살다가 생을 마친다면 얼마나 불행한 일입니까? 혈기 부리며 싸우다가 삶이 끝난다면 그보다 더 불행하고 허망한 인생이 어디 있겠습니까? 우리 모두 하나님께 찬양과 감사와 영광을 올려드리며 살다가 하나님의 부르심을 받는 복된 인생을 살아가길 소망합니다.

　부산 동래중앙교회 신동혁 목사님의 마지막 모습이 기억납니다. 온유하고 겸손한 성품을 지닌 목사님은 부산 이사벨고등학교의 이사장으로서 많은 학생에게 존경받는 분이었습니다. 목사님은 울산에 있는 한 교회에서 제직임명예배 말씀을 전하시던 중에 하나님의 부르심을 받고 천국에 가셨습니다. 또한, 일찍이 미국으로 건너가 1949년부터 라디오 방송 '미국의 소리'의 아나운서로 활동하신 황재중 목사님도 생방송 중에 하나님의 부르심을 받으셨습니다. 설교하다가, 간증하다가 하나님의 부르심을 받는다면 그보다 더 영광스러운 죽음이 어디 있을까요?

　늘 감사하며 살아도 부족한 짧은 인생입니다. 우리에게 주어진 소중한 시간을 남을 미워하는 데 허비하지 말고, 사랑하며 감사하며 살기를 바랍니다. 걱정과 근심 속에 살지 말고, 하나님의 은혜를 찬양하며 기쁨으로 살기를 바랍니다.

"그러므로 내일 일을 위하여 염려하지 말라 내일 일은 내일이 염려할 것이요 한 날의 괴로움은 그 날로 족하니라"
(마 6:34)

어제는 이미 지나갔고, 내일은 아직 오지 않았습니다. 우리에게 주어진 것은 바로 '오늘'입니다. '오늘'이라는 소중한 시간을 헛되이 보내지 말고 하나님께 영광 돌리며 최선을 다해 살아가십시오. 그런 하루하루가 모여서 놀라운 축복의 미래를 만들게 될 것입니다.

만나와 메추라기의 은혜

하루하루 하나님의 은혜로 살아가는 삶을 가장 잘 보여주는 사건이 구약의 만나와 메추라기 사건입니다. 이스라엘 백성은 출애굽 후 40년 동안 광야에서 생활했습니다. 광야는 먹을 것도, 마실 것도 없는 황량한 벌판입니다. 그런데도 하나님은 그들을 단 한 순간도 외면하지 않으셨습니다. 40이라는 숫자는 성경에서 '완전함'을 상징합니다. 그러므로 '40년간 돌보셨다'는 것은, 이스라엘이 광야를 지나는 모든 시간 동안 하나님이 그들과 함께하시며 돌보시고 인도하셨음을 의미합니다. 이스라엘 백성은 스스로 먹을 것을 구할 수 없는 환경에 처했지만, 하나님은 아침엔 만나를, 저녁엔 메추라기를 내려 주시며 그들이 배불리 먹도록 공급하셨습니다.

> "야훼께서 모세에게 말씀하여 이르시되 내가 이스라엘 자손의 원망함을 들었노라 그들에게 말하여 이르기를 너희가 해 질 때에는 고기를 먹고 아침에는 떡으로 배부르리니 내가 야훼 너희의 하나님인 줄 알리라 하라 하시니라 저녁에는 메추라기가 와서 진에 덮이고 아침에는 이슬이 진 주위에 있더니 그 이슬이 마른 후에 광야 지면에 작고 둥글며 서리 같이 가는 것이 있는지라"(출 16:11-14)

이스라엘 백성이 아침에 일어나면 만나가 진 주변에 이슬처럼 내려앉아 있었습니다. 그들은 그저 밖으로 나가 만나를 거둬서 먹기만 하면 되었습니다. 성경은 만나의 맛을 "꿀 섞은 과자"처럼 달콤하였다고 표현합니다(출 16:31). 하나님은 40년 동안 매일 아침 이스라엘 백성에게 꿀처럼 달콤한 만나를 선물로 주셨던 것입니다.

3. 매일의 은혜를 주시는 하나님

무엇보다도 우리는 하나님이 이스라엘 백성에게 하루 먹을 분량의 만나만 거두게 하셨다는 사실에 주목해야 합니다.

> "야훼께서 이같이 명령하시기를 너희 각 사람은 먹을 만큼만 이것을 거둘지니 곧 너희 사람 수효대로 한 사람에 한 오멜씩 거두되 각 사람이 그의 장막에 있는 자들을 위하여 거둘지니라 하셨느니라 이스라엘 자손이 그같이 하였더니 그 거둔 것이 많기도 하고 적기도 하나 오멜로 되어 본즉 많이 거둔 자도 남음이 없고 적게 거둔 자도 부족함이 없이 각 사람은 먹을 만큼만 거두었더라"(출 16:16-18)

하나님은 가족 수대로 하루치 양식만 거두도록 명령하셨습니다. 즉, 만나가 아무리 많이 내려도 가족이 다섯 명이면 다섯 명이 하루 동안 먹을 분량만, 가족이 세 명이면 세 명이 하루 동안 먹을 분량만 거두어야 했습니다. 그러나 안식일 전날인 여섯째 날에는 예외를 두셨습니다. 하나님은 안식일에는 만나를 내리지 않으셨기 때문에 여섯째 날에는 이틀 동안 먹을 양식을 거두는 것을 허락하셨습니다. 그럼에도 하나님의 명령을 어기고 더 많은 만나를 거두어 집에 쌓아둔 사람들이 있었는데, 그 만나들은 다음 날이 되자 벌레가 생기고 곰팡이가 피어 모두 버려야 했습니다.

만나는 '매일'의 양식입니다. 그리고 바로 이 점에서 하나님이 우리에게 주시는 중요한 교훈이 있습니다.

오늘의 은혜에 만족하라

매일은 하루하루의 모든 날을 의미합니다. 하나님이 만나를 매일의 양식으로 주셨다는 것은, 그날에 주신 은혜로 하루하루를 살아가라는 뜻입니다. 하나님이 오늘 주신 은혜가 오늘의 일용할 양식입니다. 우리는 그것에 만족해야 합니다.

> "그들에게 이르시되 삼가 모든 탐심을 물리치라 사람의 생명이 그 소유의 넉넉한 데 있지 아니하니라 하시고"(눅 12:15)

더 많이 가지려는 욕심은 우리를 멸망으로 이끌 뿐입니다. 하나님이 오늘 주신 것에 감사하며 만족하는 삶, 그것이 바로 만나에 담긴 교훈입니다.

우리가 지나온 길을 돌아보면, 하나님께 드릴 것은 감사밖에 없습니다. 6.25 전쟁 직후, 우리나라는 경제적, 정치적, 사회적으로 굉장히 힘겨운 시간을 보냈습니다. 그때와 비교하면 오늘날 우리의 삶은 훨씬 평화롭고 풍요롭습니다. 그런데 아이러니하게도, 사람들의 입에서는 감사보다 불평이 더 많이 나옵니다. 물질적으로는 풍요로워졌지만, 마음은 각박해졌습니다. 삶의 질은 높아졌지만, 다툼과 분쟁은 더욱 늘었습니다. 하나님께 받은 은혜를 망각하고, 지금 내가 가진 것에 만족하지 못하고 있습니다.

감사가 사라진 곳에는 불평과 불만이 자리합니다. 불만이 쌓이면, 결국 다툼과 갈등이 생깁니다. 그렇기에 성경은 모든 것이 하나님의 은혜임을 깨닫고 범사에 감사하라고 말씀합니다.

> *"범사에 감사하라 이것이 그리스도 예수 안에서 너희를 향하신 하나님의 뜻이니라"*(살전 5:18)

오늘 일용할 양식이 있으면 그 자체가 이미 축복받은 삶입니다. 우리는 하나님이 베푸신 은혜를 기억하며, 감사의 마음을 회복하고, 받은 은혜를 나누는 삶을 살아야 합니다. 그것이 하나님이 기뻐하시는 복된 삶입니다.

매일매일 새로운 은혜를 구하라

우리는 매일 하나님이 주시는 새로운 은혜를 공급받으며 살아야 합니다. 어제 받은 은혜로 오늘을 사는 것이 아니라, 매일 새롭게 은혜를 받아야 합니다. 이를 위해 우리는 새벽에 하나님께 나아가 기도하고, 저녁에도 하나님께 부르짖으며, 주일뿐 아니라 주중에도 하나님 앞에 나와 예배하면서 날마다 하나님의 은혜를 구해야 합니다.

이스라엘 백성들은 하나님이 매일 새롭게 채워주시는 만나의 은혜를 누리며 40년을 보냈습니다. 며칠도 아니고, 몇 달도 아니고, 무려 40년 동안이나 하나님은 그들에게 신실하게 공급하셨습니다.

"사람이 사는 땅에 이르기까지 이스라엘 자손이 사십 년 동

안 만나를 먹었으니 곧 가나안 땅 접경에 이르기까지 그들이 만나를 먹었더라"(출 16:35)

이것은 단순한 역사적 사건을 넘어 하나님이 천국에 이를 때까지 우리를 돌보신다는 것을 깨닫게 해줍니다. 이스라엘 백성이 가나안 땅에 들어갈 때까지 만나를 먹이셨던 것처럼, 하나님은 우리가 천국에 들어갈 때까지 매일 만나의 은혜를 베풀어 주실 것입니다.

제가 미국에서 유학하던 시절, 필라델피아에서 자취하며 지하 단칸방에서 생활하던 때가 있었습니다. 그 당시 집주인의 성품이 참 인색했습니다. 방 안에서 전기난로를 비롯해 전기세가 많이 드는 제품을 전혀 사용할 수 없었습니다. 요리하려면 위층 부엌에 올라가서 가스레인지를 사용해야 했는데, 그마저도 집주인이 집에 없을 때만 사용할 수 있었습니다. 그러다 보니 요리하는 데 오랜 시간이 필요한 음식은 먹을 수 없었고, 결국 라면만 끓여 먹을 때가 많았습니다. 그 당시 30센트짜리 너구리 라면을 제일 많이 먹었던 기억이 납니다.

저는 너구리 라면을 먹으면서도, 매일 일용할 양식을 주신 하나님께 감사했습니다. 물만 넣고 끓이면 완성되는 라면과 같은 간단한 음식이 있다는 것에 감사했고, 또 우리나라 라면이 세계에서 제일 맛있다는 사실에도 감사했습니다. 힘든 시절이었지만, 모든 일에 감사하는 마음으로 하루하루를 살았습니다. 그 감사의 삶이 학업을 잘 마칠 수 있었던 원동력이 되었을 뿐만 아니라, 하나님의 은혜 안에서 여기까지 올 수 있었던 큰 힘이 되었습니다.

오늘 우리에게 일용할 양식이 있다는 것은 하나님의 큰 은혜입니다. 하나님의 사람은 더 많은 것을 욕심낼 필요가 없습니다. 남들과 비교하며, 나에게 없는 것 대문에 불평할 이유가 없습니다. 내일의 양식을 미리 걱정할 필요도 없습니다. 하루하루 만나의 은혜로 채워주시는 하나님께 감사하며 살아갈 때, 하나님은 우리에게 복에 복을 더하여 주실 것입니다.

적용을 위한 질문

1. 나는 날마다 하나님의 새로운 은혜를 체험하기 위해 노력하고 있나요? 하루 중 하나님의 은혜를 충전할 수 있는 가장 좋은 시간을 마련하여 기도와 말씀 묵상을 실천해 보세요.

적용을 위한 질문

2. 나는 오늘의 은혜에 만족하며 살고 있나요? 하나님이 매일매일 베풀어 주신 은혜에 감사하는 기도를 적어보세요.

_____
_____
_____
_____
_____
_____
_____
_____

CHAPTER 6

실패와
좌절 속에서도
역사하시는
하나님

"우리가 우리에게 죄 지은 자를
 사하여 준 것 같이
 우리 죄를 사하여 주시옵고
 우리를 시험에 들게 하지 마시옵고
 다만 악에서 구하시옵소서"
마태복음 6장 : 2-13절

6 실패와 좌절 속에서도 역사하시는 하나님

살다 보면 누구나 실패와 좌절을 경험합니다. 때로는 잘못된 선택으로 인해 죄를 짓고 그로 인해 깊은 슬픔과 절망에 빠질 때도 있습니다. 그러나 하나님은 결코 우리를 외면하지 않으십니다. 오히려 넘어진 우리를 일으켜 세우시고 실패로 얼룩진 삶을 새롭게 하시며 위대한 하나님의 사람으로 변화시켜 주십니다.

예수님은 제자들에게 "우리가 우리에게 죄 지은 자를 사하여 준 것 같이 우리 죄를 사하여 주시옵고 우리를 시험에 들게 하지 마시옵고 다만 악에서 구하시옵소서", 이렇게 기도하라고 가르치셨습니다. 이 기도는 우리가 살아가면서 실패하고 넘어질 때 어떻게 다시 믿음으로 일어서야 하는지에 대한 중요한 교훈을 줍니다.

1. 죄 가운데 살아가는 인생

아담이 죄를 짓고 타락한 이후 모든 사람은 죄 가운데 태어나고 죄의 영향을 받으며 살아가게 되었습니다. 죄는 인간을 하나님과 멀어지게 만들었고, 그 결과 우리의 삶은 죄의 굴레 속에서 벗어나기 어려운 상태에 놓이게 되었습니다.

죄의 굴레

성경은 모든 사람이 죄를 범했다고 말씀합니다.

"모든 사람이 죄를 범하였으매 하나님의 영광에 이르지 못하더니"(롬 3:23)

"그러므로 한 사람으로 말미암아 죄가 세상에 들어오고 죄로 말미암아 사망이 들어왔나니 이와 같이 모든 사람이 죄를 지었으므로 사망이 모든 사람에게 이르렀느니라"(롬 5:12)

인간은 스스로 죄에서 벗어날 수 없습니다. 아무리 선행을 쌓고 노력해도 죄의 문제를 스스로 해결할 수 없습니다. 구약시대에는 죄를 지은 사람이 하나님 앞에서 용서를 구하기 위해 아무 잘못 없는 짐승이 그를 대신하여 속죄의 제물로 희생되어야 했습니다. 그러나 이러한 제사는 죄의 문제를 완전히 해결할 수 없었습니다.

하나님은 우리를 죄에서 구원하시기 위해 예수 그리스도를 이 땅에 보내셨습니다. 예수님은 우리의 모든 죄를 짊어지고 십자가에 달려 돌아가셨습니다. 그 순간, 죄와 사망의 권세는 무너졌고, 우리의 죄를 용서받을 수 있는 길이 열렸습니다.

진정한 회개와 용서

우리는 예수님의 십자가 능력을 의지하여 죄를 회개하고, 하나님 앞에 용서받은 사람으로 거듭나야 합니다. 회개는 단순히 후회하거나 뉘우치는 것이 아니라, 이전의 잘못된 삶에서 하나님을 향한 삶으로 완전히 돌아서는 것입니다. 예를 들어, 거짓말을 일삼던 사람이 거짓말을 하지 않기로 결단하고 돌아서는 것, 남의 것을 훔치던 사람이 도둑질하지 않기로 결단하고 그런 삶에서 완전히 돌아서는 것이 회개입니다.

> "만일 우리가 우리 죄를 자백하면 그는 미쁘시고 의로우사 우리 죄를 사하시며 우리를 모든 불의에서 깨끗하게 하실 것이요"(요일 1:9)

성경은 우리가 죄를 자백하고 진심으로 회개하면 하나님의 용서를 받을 수 있다고 약속합니다. 이 약속은 하나님의 크신 사랑과 은혜가 담긴 놀라운 선물입니다. 그러므로 우리는 죄를 지었더라도 즉시 회개함으로써 죄의 굴레에서 벗어나야 합니다.

다윗의 삶은 이러한 회개의 중요성을 깊이 깨닫게 해줍니다. 다윗은 자신의 충신 우리아의 아내 밧세바를 범한 뒤, 그 사실을 은폐하기 위해 우리아를 전쟁터에서 죽게 만드는 큰 죄를 저질렀습니다(삼하 11:2-17). 하나님은 나단 선지자를 통해 다윗을 책망하셨고, 이에 다윗은 자신의 죄를 깊이 뉘우치며 하나님 앞에 겸손히 엎드렸습니다(삼하 12:7-13). 그의 진실한 회개는 시편 51편에 잘 나타나 있습니다.

> "하나님이여 주의 인자를 따라 내게 은혜를 베푸시며 주의 많은 긍휼을 따라 내 죄악을 지워 주소서 … 내가 주께만 범죄하여 주의 목전에 악을 행하였사오니 주께서 말씀하실 때에 의로우시다 하고 주께서 심판하실 때에 순전하시다 하리이다 … 우슬초로 나를 정결하게 하소서 내가 정하리이다 나의 죄를 씻어 주소서 내가 눈보다 희리이다"(시 51:1-7)

자신의 죄를 깊이 깨닫고 하나님의 용서를 간구하는 사람은 다른 사람을 향해서도 너그러운 마음을 가질 수밖에 없습니다. 만약 하나님께 죄 용서의 은혜를 구하면서도 다른 사람을 절대 용서하지 못하는 완고한 마음을 갖고 있다면, 과연 그 사람의 회개가 진심일 수 있을까요?

하나님께 용서받기 원하는 사람, 더 나아가 하나님께 용서받은 사람은 다른 사람을 용서할 줄 아는 마음을 지녀야 합니다.

참 회개의 증거, 용서받은 증거

예수님은 제자들에게 회개하는 마음과 용서하는 마음은 서로 분리될 수 없다고 가르치셨습니다.

> "우리가 우리에게 죄 지은 자를 사하여 준 것 같이 우리 죄를 사하여 주시옵고"(마 6:12)

그러나 하나님께 용서받은 우리는 정작 다른 사람들을 용서하지 못하며 살아갑니다. 부모를 용서하지 못하고, 배우자를 용서하지 못하고, 친구를 용서하지 못하고, 이웃을 용서하지 못한 채 살아갑니다. 하지만 예수님은 끝없이 용서하고 또 용서하는 태도의 중요성을 가르치셨습니다.

> "그 때에 베드로가 나아와 이르되 주여 형제가 내게 죄를 범하면 몇 번이나 용서하여 주리이까 일곱 번까지 하오리이까 예수께서 이르시되 네게 이르노니 일곱 번뿐 아니라 일곱 번을 일흔 번까지라도 할지니라"(마 18:21-22)

상대가 용서를 받을만해야 용서하는 것이 아닙니다. 상대방이 어떻든지 내가 용서하기로 결심하면 실행할 수 있는 것이 용서입니다. 용서하지 못하면 그 상처와 원한이 스스로를 짓누르는 무거운 짐이 됩니다. 아이러니하게도 상처를 준 사람은 상처를 주었다는 사실조차 잊어버리고 아무렇지 않게 잘 살아가는 경우가 많습니다. 반면, 용서하지 못한 사람은 그 상처와 고통을 혼자 떠안으며 괴로워하게 됩니다. 결국 용서하지 못한 채 품고 있는 분노와 아픔은 우리 자신을 묶는 사슬이 되어 우리의 마음을 더욱 힘들게 만듭니다. 그러므로 용서는 상대방을 위한 행동일 뿐 아니라, 자신의 회복과 자유를 위한 행동이기도 합니다.

하나님도 우리의 죄를 그렇게 용서해 주셨습니다. 그분이 우리를 용서하신 것은 우리가 용서받을 자격이 있어서가 아닙니다. 예수님은 여전히 죄인이었던 우리를 위해 십자가에 달리셨고, 하나님의 값없는 용서의 길을 여셨습니다.

"우리가 아직 죄인 되었을 때에 그리스도께서 우리를 위하여 죽으심으로 하나님께서 우리에 대한 자기의 사랑을 확

증하셨느니라"(롬 5:8)

우리가 값없이 용서받은 것처럼, 우리도 다른 사람을 값없이 용서하는 것이 마땅합니다. 용서는 하나님의 자녀로서 반드시 행해야 할 삶의 방식입니다. 이를 위해 우리는 무엇보다 예수 그리스도의 십자가 사랑을 기억해야 합니다. 예수님이 우리를 위해 값없이 십자가에 오르셨던 것처럼, 우리도 우리에게 상처를 준 사람을 용서해야 합니다. 용서할 때 하나님의 사랑이 우리의 삶을 통해 흘러가고, 우리도 진정으로 자유로운 삶을 누리게 될 것입니다.

2. 시험과 유혹

예수님은 죄를 용서하라고 말씀하신 후에 시험과 유혹에서 보호받기 위해 기도하라고 가르치셨습니다.

"우리를 시험에 들게 하지 마시옵고"(마 6:13)

성경에서 '시험'은 두 가지 의미가 있습니다. 하나는 믿음을 훈련하고 성숙하게 하기 위한 '연단'이고, 다른 하나는 마귀가 하나님께로부터 우리를 멀어지게 하려는 '유혹'입니다.

예수님이 말씀하신 '시험'은 '연단'을 의미합니다. 이러한 연단의 시험은 우리의 믿음을 성장시키기 위해 하나님이 잠시 허락하신 것이므로, 인내하며 통과해야 합니다. 그러나 유혹의 시험은 마귀의 계략이므로 즉시 피해야 합니다. 욥과 요셉의 삶은 이러한 두 가지 시험의 차이를 잘 보여줍니다.

연단의 시험: 욥의 이야기

욥은 의로운 사람이었지만, 사탄의 참소로 인해 극심한 시험을 겪었습니다. 하루아침에 재산을 모두 잃고, 열 자녀가 죽고, 몸이 병드는 큰 고난을 겪었습니다. 그러나 욥은 이 모든 상황 속에서도 하나님을 원망하지 않았습니다.

> "이르되 내가 모태에서 알몸으로 나왔사온즉 또한 알몸이 그리로 돌아가올지라 주신 이도 야훼 시요 거두신 이도 야훼시오니 야훼의 이름이 찬송을 받으실지니이다 하고 이

모든 일에 욥이 범죄하지 아니하고 하나님을 향하여 원망하지 아니하니라"(욥 1:21-22)

욥은 하나님이 모든 것을 주관하신다는 것을 믿고 고난 중에도 인내하며 하나님을 찬양했습니다. 결국 욥이 받은 시험은 그를 연단하는 도구가 되었고, 이로써 욥의 신앙은 이전보다 더욱 깊어졌습니다.

"야훼께서 욥의 곤경을 돌이키시고 야훼께서 욥에게 이전 모든 소유보다 갑절이나 주신지라 … 야훼께서 욥의 말년에 욥에게 처음보다 더 복을 주시니"(욥 42:10-12)

연단의 시험은 우리의 믿음을 성장시키기 위해 하나님이 허락하신 과정입니다. 이 시험을 믿음으로 인내하면 하나님이 주시는 놀라운 은혜와 축복을 경험할 수 있습니다.

"시험을 참는 자는 복이 있나니 이는 시련을 견디어 낸 자가 주께서 자기를 사랑하는 자들에게 약속하신 생명의 면류관을 얻을 것이기 때문이라"(약 1:12)

욥의 이야기는 연단의 시험을 만났을 때 하나님을 찬양하고 신뢰하는 절대 긍정의 믿음을 가져야 함을 우리에게 가르쳐 줍니다.

유혹의 시험: 요셉의 이야기

요셉은 유혹의 시험을 단호히 거절하고 승리한 대표적인 인물입니다. 그는 애굽 바로의 친위대장 보디발의 집에서 총무로 일하며 신뢰를 받았지만, 보디발의 아내로부터 거듭되는 유혹을 받게 되었습니다. 그러나 요셉은 그 유혹을 단호히 거절했으며, 더 나아가 그 유혹의 자리를 즉시 떠남으로써 죄를 피할 수 있었습니다.

> "이 집에는 나보다 큰 이가 없으며 주인이 아무것도 내게 금하지 아니하였어도 금한 것은 당신뿐이니 당신은 그의 아내임이라 그런즉 내가 어찌 이 큰 악을 행하여 하나님께 죄를 지으리이까 … 그 여인이 요셉이 그의 옷을 자기 손에 버려두고 도망하여 나감을 보고"(창 39:9-13)

이 일로 인해 억울하게 감옥에 갇히게 됐지만, 하나님은 요셉과 함께하셨고 그를 형통하게 하셨습니다. 유혹은 맞서 싸우는 것이 아니라 즉시 피해야 합니다. 유혹은 하나님과 멀어지게 하려는 마귀의 계략이므로, 빠르게 그 자리를 피하는 것이 최고의 대처 방법입니다.

예수님은 십자가를 지시기 전날 밤에 제자들에게 시험에 들지 않도록 깨어 기도하라고 말씀하셨습니다.

"시험에 들지 않게 깨어 기도하라 마음에는 원이로되 육신이 약하도다"(마 26:41)

우리는 우리 자신을 너무 과신해선 안 됩니다. 육신의 연약함을 인정해야 합니다. 그렇기에 유혹의 자리를 즉시 벗어나야 하며, 이를 위해 항상 깨어 기도하며 하나님을 의지해야 합니다. 이것이 예수님이 가르쳐 주신 유혹의 시험을 이기는 길입니다.

악으로부터 우리를 보호하시는 예수님

예수님은 제자들에게 악으로부터 보호받기 위해 기도하라

고 가르치셨습니다.

"다만 악에서 구하시옵소서"(마 6:13)

또한 예수님은 우리의 연약함을 너무나 잘 아시기에 우리가 악에 빠지지 않도록 기도하셨습니다.

"내가 비옵는 것은 그들을 세상에서 데려가시기를 위함이 아니요 다만 악에 빠지지 않게 보전하시기를 위함이니이다"(요 17:15)

예수님은 우리를 끝까지 보호하시는 분입니다. 때때로 우리의 믿음이 흔들리고 실패하며 넘어지는 순간에도 포기하지 않으시고 우리를 일으켜 주십니다. 베드로가 실패했을 때도 예수님은 그를 향해 이렇게 말씀하셨습니다.

"내가 너를 위하여 네 믿음이 떨어지지 않기를 기도하였노니 너는 돌이킨 후에 네 형제를 굳게 하라"(눅 22:32)

예수님은 우리가 실패하더라도 다시 일어나 믿음을 회복하고 다른 사람을 세우는 삶을 살기를 원하십니다. 이것이 우리를 죄에서 건지신 하나님의 뜻입니다. 값없이 죄 용서를 받은 사람들로서 우리는 다른 사람을 용서하며 살아야 합니다.

우리 모두 회개와 용서의 삶을 통해 모든 시험에서 승리하며 이 땅에 하나님의 뜻을 이루는 삶을 살아가길 간절히 소망합니다.

예수님은 우리를 끝까지 보호하시는 분입니다.
때때로 우리의 믿음이 흔들리고 실패하며
넘어지는 순간에도 포기하지 않으시고
우리를 일으켜 주십니다.

적용을 위한 질문

1. 나에게 상처를 준 사람들을 용서했나요? 아직 용서하지 못했다면 먼저 그들을 용서하고 자유를 경험해 보세요.

_____

_____

_____

_____

_____

_____

_____

_____

적용을 위한 질문

2. 연단의 시험과 유혹의 시험이 다가왔을 때 어떻게 대처할지 적어보고 실천해 보세요.

CHAPTER 7

분명한
목표 의식을
가져라

"내가 달려갈 길과
주 예수께 받은 사명
곧 하나님의 은혜의 복음을
증언하는 일을 마치려 함에는
나의 생명조차 조금도 귀한 것으로
여기지 아니하노라"
사도행전 20장 24절

7 분명한 목표 의식을 가져라

크리스천은 예수 그리스도를 따르는 사람들입니다. 예수님은 "내가 세상을 이기었노라"(요 16:33)라고 말씀하셨습니다. 이 말씀처럼 크리스천은 세상의 유혹과 시험을 이기며 성공적인 삶을 살아야 합니다.

성공한 인생을 사는 크리스천이 되기 위해선 먼저 분명한 목표를 가져야 합니다. 양궁선수가 화살을 아무 곳이나 겨냥하지 않고 오직 과녁의 정중앙에 겨누는 것처럼, 우리도 삶에서 분명한 목표를 세우고, 그 목표를 향해 나아가야 합니다.

1. 분명한 목표를 설정하라

하나님의 위대한 일꾼으로 쓰임 받은 사도 바울은 분명한 목표를 가지고 있었습니다. 그는 "하나님의 은혜의 복음을 증언하는 일"(행 20:24)을 인생의 목표로 삼고, 그것을 향해 달려갔다고 고백합니다. 복음을 전하는 일, 그것이 바울의 유일한 목표였습니다.

우리도 바울처럼 분명한 목표를 가지고 살아야 합니다. 분명한 목표를 설정하는 일이 성공적인 삶을 위한 첫걸음입니다.

구체적인 목표 설정

구체적이고 분명한 목표를 세우기 전에 먼저 점검해야 할 것이 있습니다. 그것은 바로 하나님이 내게 맡겨주신 사명이 무엇인지 아는 것입니다. 사도 바울은 그의 삶에서 분명한 목표를 가지고 있었습니다. 그 목표는 오직 주님의 복음을 전하는 일이었습니다.

"내가 달려갈 길과 주 예수께 받은 사명 곧 하나님의 은혜의 복음을 증언하는 일을 마치려 함에는 나의 생명조차 조금도 귀한 것으로 여기지 아니하노라"(행 20:24)

하나님은 우리 각자에게 맞는 사명을 주셨습니다. 그리고 그 사명을 이루는 데 필요한 재능도 함께 주십니다. 예를 들어, 하나님이 그림을 통해 그분의 영광을 드러내도록 사명을 주셨다면, 그 사명을 이루는 데 필요한 그림을 잘 그리는 능력도 함께 주십니다. 하나님이 노래를 통해 하나님을 영화롭게 하는 사명을 주셨다면, 노래를 잘 부를 수 있는 재능도 함께 주십니다. 또한, 가르치는 사명을 받은 사람은 학생들을 잘 가르쳐서 하나님의 일꾼으로 키우는 데 필요한 능력도 함께 주십니다.

하나님이 내게 주신 사명은 무엇인가요? 사명을 이루기 위해 나게 주신 재능은 무엇인가요? 하나님의 사람은 그저 하루하루를 사는 것이 아니라, 하나님이 주신 재능으로 사명을 이루기 위해 살아야 합니다.

사명이 무엇인지 알게 되었다면 이제 구체적인 목표를 세우는 것이 중요합니다. 이는 단지 막연한 꿈이 아니라, 확실하고 분명한 목표를 마음속에 그려야 한다는 뜻입니다. 생전에 조용기 목사님은 "꿈과 비전 없이는 아무것도 이룰 수 없다."라고 말씀하셨습니다. 호랑이를 그리겠다는 구체적인 목표를 가지고 그림을 그리면 적어도 고양이라도 그릴 수 있는데, 아예 무엇을 그릴지 생각조차 하지 않는다면 어떤 작품도 그릴 수 없는 것과 마찬가지입니다.

우리의 꿈이 이미 완성되어 눈앞에 선명하게 펼쳐져 있는 것처럼 믿음으로 마음속에 그리며, 그 꿈을 이루기 위한 구체적인 목표를 정하여 기도하시길 바랍니다. 그렇게 할 때, 여러분의 사명을 향한 꿈은 반드시 실현될 것입니다.

> "믿음은 바라는 것들의 실상이요 보이지 않는 것들의 증거니 선진들이 이로써 증거를 얻었느니라"(히 11:1-2)

오직 하나님의 영광을 위해

우리가 사명을 이루기 위해 나아갈 때 반드시 기억해야 할 것은 궁극적인 목표 설정이 오직 하나님의 영광을 위한 것이어야 한다는 점입니다.

"그런즉 너희가 먹든지 마시든지 무엇을 하든지 다 하나님의 영광을 위하여 하라"(고전 10:31)

우리의 꿈과 비전의 궁극적인 목표가 첫째도 하나님께 영광, 둘째도 하나님께 영광, 마지막도 하나님께 영광이어야 합니다. 내가 성공하여 잘 살기 위해, 혹은 내 이름을 드러내기 위해서가 아니라, 하나님의 영광을 위해 꿈을 꿔야 하는 것입니다. 나의 만족과 기쁨을 위한 성공은 진정한 성공이 아닙니다. 만약 나의 안녕과 유익만을 얻고자 성공을 추구한다면, 그것은 잘못된 방향으로 가고 있는 것입니다. 우리가 오직 하나님의 영광을 위한 목표를 품고 나아갈 때, 하나님이 우리 삶 가운데 큰 은혜를 부어주실 것입니다. 빌립보서 3장 7-9절에 기록된 바울의 고백을 기억하시길 바랍니다.

"그러나 무엇이든지 내게 유익하던 것을 내가 그리스도를 위하여 다 해로 여길뿐더러 또한 모든 것을 해로 여김은 내 주 그리스도 예수를 아는 지식이 가장 고상하기 때문이라 내가 그를 위하여 모든 것을 잃어버리고 배설물로 여김은 그리스도를 얻고 그 안에서 발견되려 함이니"(빌 3:7-9)

하나님이 주신 사명을 깨닫고, 목표를 분명하게 설정한 후에 오직 하나님의 영광을 위해 전진 또 전진해야 합니다. 하나님은 반드시 우리를 사용하셔서 당신의 일을 이루시고, 우리의 삶도 성공의 길로 이끌어 주실 것입니다.

2. 목표를 향해 달려가라

우리는 하나님이 주신 거룩한 꿈을 수시로 마음에 새기며, 목표를 향해 잘 나아가고 있는지 자신을 점검해야 합니다.

게으름과의 싸움

첫째, 우리는 게으름을 경계해야 합니다. 인간은 본성적으로 게으름에 쉽게 빠집니다. 사람들이 성공하지 못하는 가장 큰 이유도 대개 게으름 때문입니다. 반면, 성공한 사람들은 부지런하게 삽니다. 한때 우리나라에서 굴지의 대기업을 일군 김우중 회장은 매일 새벽 4시에 일어나 그날의 경영을 시작했다고 합니다. 크리스천이 새벽예배를 드리듯이, 회사의 성공을 위해 동이 트기 전부터 부지런히 움직였던 것입니다. 잠언 말씀에도 게으름에 대한 경고의 말씀이 기록되어 있습니다.

> "게으른 자여 개미에게 가서 그가 하는 것을 보고 지혜를 얻으라 … 게으른 자여 네가 어느 때까지 누워 있겠느냐 네가 어느 때에 잠이 깨어 일어나겠느냐 좀더 자자, 좀더 졸자, 손을 모으고 좀더 누워 있자 하면 네 빈궁이 강도 같이 오며 네 곤핍이 군사 같이 이르리라"(잠 6:6, 9-11)

베트남은 한때 우리나라처럼 남북으로 분단되어 있었습니다. 남베트남은 미국 등 자유 진영의 지원을 받아 북베트남보다 부유했고 군사적 우위에 있었습니다. 그러다 1973년 파리 협정 이후 미군이 철수하게 되었고, 2년 뒤에 북베트남에 의해 베트남 전체가 공산화되고 말았습니다. 당시 남베트남이 상대적으로 더 많은 병력과 최신 무기를 보유했으나 치명적인 약점이 있었는데, 바로 '게으름'이었습니다. 풍족한 원조와 군사력만 믿고 안일하게 전쟁에 임하다가 패배하고 만 것입니다.

우리는 늘 영적으로 깨어 부지런한 삶을 살아야 합니다. 근면 성실한 훈련 없이는 목표를 이룰 수 없습니다. 기도 훈련, 말씀 훈련, 묵상 훈련, 전도 훈련 등으로 자신을 단련해야 합니다. 결국은 나 자신과의 싸움입니다. 당장 편안함을 추구하는 삶은 순간적으로 안락할지 몰라도 미래가 없습니다. 지금 시간을 아껴서 자신을 훈련하고 복종시킨다면 성공의 미래가 우리를 기다리고 있을 것입니다.

전력 달리기

둘째, 목표를 이루기 위해서는 최선을 다하는 자세 역시 중요합니다. 사도 바울은 운동장에서 달리는 자들을 예로 들며, 사명을 향해 나아갈 때도 전력을 다해 달려야 한다고 강조합니다.

> "운동장에서 달음질하는 자들이 다 달릴지라도 오직 상을 받는 사람은 한 사람인 줄을 너희가 알지 못하느냐 너희도 상을 받도록 이와 같이 달음질하라"(고전 9:24)

100미터 달리기 선수들은 총성이 울리면 결승선을 향해 전력으로 달려갑니다. 그들은 옆이나 뒤를 볼 여유도 없이, 오직 결승선만 바라보고 달려갑니다. 믿음의 경주도 마찬가지입니다. 한눈팔지 않고 앞만 보고 달려가야 합니다. 전심전력으로 주님이 예비하신 하늘의 상을 바라보며 질주하는 것이 바로 우리의 신앙생활입니다.

우리는 교회에서 최선을 다해 봉사하고, 사업장이나 직장에서도 최선을 다해 일하며, 학교에서도 최선을 다해 공부해야 합니다. 그렇게 내가 있는 모든 삶의 자리에서, 내가 하는 모든 일에서 최선을 다할 때 하나님이 복을 주시고 존귀하게 여기십니다.

모든 일에 절제하라

셋째, 우리는 모든 일에 절제해야 합니다. 고린도전서 9장 25절은 모든 일에 절제할 때 '썩지 아니할 승리자의 관'을 얻을 수 있다고 말씀합니다.

> "이기기를 다투는 자마다 모든 일에 절제하나니 그들은 썩을 승리자의 관을 얻고자 하되 우리는 썩지 아니할 것을 얻고자 하노라"(고전 9:25)

운동선수들이 경기에서 이기기 위해 얼마나 절제하고 노력하는지 아시나요? 그들은 아주 엄격하게 자기관리를 합니다. 먹고 싶은 것도 참아가며 체중을 조절하고, 친구들을 만나서 놀고 싶은 것도 극도로 자제하면서 매일 훈련을 거듭합니다.

한국의 전설적인 골프 선수이며 독실한 크리스천인 최경주 장로님은 철저한 자기관리로 유명합니다. 그는 20대 때 미국 프로골프협회(PGA) 대회에서 우승하며 세계적인 골퍼로 이름을 날렸습니다. 놀라운 점은, 지금 50대 중반이지만 여전히 건강한 몸으로 활동을 이어가고 있다는 사실입니다. 2024년, 그는 한국 프로골프협회(KPGA) 대회에서 자신보다 30살이나 어린 선수들을 제치고 우승했습니다. 이는 그때까지 한국 프로골프 역사상 최고령 우승 기록이었다고 합니다.

최 장로님은 자신이 전성기 때의 기량을 유지할 수 있는 비결을 '절제'에서 찾습니다. 그는 알코올을 일절 섭취하지 않으며, 담배 역시 한 모금도 피우지 않고, 심지어 젊은 시절에 즐겨 마시던 탄산음료까지도 금하고 있다고 합니다. 사람들은 굳이 탄산음료까지 금하는 건 과하지 않느냐고 생각할지도 모릅니다. 그러나 프로골프의 세계에서는 선수들의 실력이 모두 출중해서 단 한 타 차이로 우승이 결정되는 경우가 많은데, 이 한 타를 결정하는 요인이 바로 탄산음료를 끊는 것과 같은 미묘한 생활 습관의 차이라는 것입니다. 최 장로님은 프로골프 선수로서 사소한 것까지도 절제하며 최선을 다했기에 좋은 성적을 거둘 수 있었습니다.

이처럼 운동선수들도 썩어져 버릴 세상의 메달을 얻기 위해 사소한 것까지 절제하며 최선을 다하는데, 하물며 영원한 하나님의 나라에서 승리의 관을 얻기 위해 우리는 어떻게 해야 할까요? 하나님이 기뻐하시지 않는 것은 절제하고, 사명을 이루는 데 해가 되는 것도 멀리하며, 기도와 말씀, 예배에 최선을 다해야 합니다. 이렇게 스스로 절제하며 하나님이 맡겨주신 사명을 향해 달려가면, 그 길의 끝에서 하나님이 우리의 머리 위에 승리의 관을 씌워주실 것입니다.

3. 하나님의 뜻을 분별하라

우리가 꿈과 목표를 이루기 위해 나아갈 때, 하나님의 뜻이 어디에 있는지 분별해야 합니다.

> "너희는 이 세대를 본받지 말고 오직 마음을 새롭게 함으로 변화를 받아 하나님의 선하시고 기뻐하시고 온전하신 뜻이 무엇인지 분별하도록 하라"(롬 12:2)

우리가 마음을 새롭게 하고 하나님의 선하신 뜻을 분별하기 위해 기도할 때, 하나님이 우리가 나아가야 할 방향을 알려주실 것입니다. 저도 하나님의 계획과 뜻을 분별하기 위해 기도하고, 그 인도하심에 따라 앞으로의 사역 방향을 결정합니다. 제가 기도할 때마다 하나님은 복음 전파와 선교가 저의 사명이라고 말씀하십니다. 그래서 제 일생의 목표는 사도 바울처럼 마지막 순간까지 복음을 전하다가 주님 앞에 가는 것입니다.

기도 수첩

예전에 제가 워싱톤순복음제일교회를 섬기던 시절에, 미국에서 컴퓨터 프로그래밍 사업을 하시던 한 한국인 성도님이 저를 찾아와 물었습니다. "목사님, 제가 기도를 배우고 싶은데 어떻게 하면 좋겠습니까?" 그때 제가 "기도는 '배우는' 것이 아니라 '하는' 것입니다. 새벽예배에 나오십시오."라고 대답했습니다. 이후부터 그는 새벽예배에 하루도 빠지지 않고 참석하며 열심히 기도했습니다.

그 성도님에게는 특별한 기도 습관이 하나 있었습니다. 그는 매년 초 하나님의 뜻을 분별하며 구체적인 기도 제목을 수첩에 적었습니다. 제가 1월에 그의 사업장에 가서 신년 축복 예배를 드리는데, 한번은 저에게 수첩을 꺼내 보여주면서, "목사님. 제가 작년에 기도 제목을 84개 세웠는데 그중 60개가 이루어졌습니다."라고 말했습니다. 그의 기도 제목을 보면 약자로 쓰였는데, 첫 번째는 HS(the Holy Spirit), 즉 성령충만, 두 번째는 WG(the Worc of God), 즉 하나님 말씀 충만이었습니다. 그렇게 1번부터 10번까지의 기도 제목이 신앙적인 목표이고, 그다음부터가 가족과 사업 등을 위한 기도 제목들이었습니다. 그는 매일 새벽예배마다 1번부터 84번까지 기도 제목을 하나씩 짚어가며 기도했고, 연말에는 거의 80% 이상의 기도 제목이 이루어졌다고 간증했습니다.

여러분도 막연하게 기도하지 말고, 구체적인 꿈과 목표를 가지고 기도하시기를 바랍니다. 하나님께 나아와 "나를 왜 부르셨습니까? 나를 왜 이 자리에 나와 기도하게 하십니까?"라고 묻고 기도하면, 하나님은 여러분에게 거룩한 꿈과 분명한 사명을 알려주실 것입니다.

교회가 이미 지어졌습니다

하나님이 주신 꿈을 품고 기도해야 합니다. 꿈이 없으면 아무것도 이룰 수 없습니다. 비록 지금 당장은 내 손에 가진 것이 없어도 꿈이 있으면 결국 모든 것을 이룰 수가 있습니다. 그러나 많은 것을 가지고 있어도 꿈이 없으면 아무것도 이룰 수 없습니다.

제가 워싱톤순복음제일교회의 성전을 완공했을 때, 그 일이 미국 교민 교회들 사이에서 큰 화제가 되었습니다. 1980-90년대 가난한 한인 교포들에게 성전 건축은 쉽지 않은 일이었기 때문입니다.

그 당시 성전 건축을 계획하고 있던 한 장로교회의 부흥회 강사로 초대되어 갔습니다. 그 교회 담임목사님이 저에게 이렇게 말씀하셨습니다. "성전 건축을 위해서는 200만 달러가 필요한데, 현재 100만 달러밖에 모으지 못해 공사를 시작하지 못하고 있습니다." 저는 그 말에 의아했습니다. 왜냐하면 겨우 1만 4천 달러로 성전 건축을 시작한 저로서는, '100만 달러밖에'가 아니라 '100만 달러나' 모았는데 왜 공사를 시작하지 않는지 이해할 수 없었기 때문입니다.

설교 시간이 되었을 때 제가 강단에 올라가서 성도님들에게 "우리 교회가 이미 지어졌습니다."라고 서로 인사하라고 말했습니다. 성도님들이 '아직 공사를 시작조차 안 했는데, 뭘 지어졌다고 하는가?'라며 어리둥절해 했습니다. 그래도 제가 강하게 "우리 교회가 이미 지어졌습니다."라고 인사하라고 말하니까, 성도님들이 제 말을 따라 인사했습니다. 예배가 끝난 후에 한 장로님이 저에게 물었습니다. "아직 교회 건축을 시작하지도 않았는데, 어떻게 교회가 이미 지어졌다고 인사할 수 있습니까?" 이에 제가 이렇게 대답했습니다. "순복음교회는 늘 이렇게 인사합니다. 하나님의 뜻이 이미 이루어졌다고 믿고 고백

합니다. 이미 교회가 지어졌습니다! 좋은 일이 일어납니다! 잘 될 것입니다! 실제로 일이 다 이뤄질 때까지 기다리는 것이 아니라, 우리의 꿈을 믿음으로 미리 선포하는 것입니다."

하나님이 주신 꿈을 품고 기도하며 도전하면 하나님이 도와주십니다. 하나님이 필요한 것을 채워주시고 모든 것이 합력하여 선을 이루게 만들어 주십니다. 꿈의 실현은 절대 긍정의 믿음을 토대로 합니다. 하나님은 상황과 환경에 갇혀 아무것도 하지 않는 우리의 모습을 기뻐하실까요? 할 수 없다는 부정적인 생각에 발목 잡혀서 머뭇거리는 모습을 원하실까요? 하나님은 우리가 꿈과 목표를 향해 적극적으로 나아가기를 원하십니다. 하나님의 뜻이 우리를 통해 이뤄지길 기대하며 절대 긍정의 발걸음을 내딛는 우리 모두가 되기를 바랍니다.

꿈이 없으면
아무것도 이룰 수 없습니다.
비록 지금 당장은 내 손에
가진 것이 없어도 꿈이 있으면
결국 모든 것을 이룰 수가 있습니다.
그러나 많은 것을 가지고 있어도
꿈이 없으면 아무것도
이룰 수 없습니다.

적용을 위한 질문

1. 하나님이 내게 주신 사명이 무엇인지 알고 있나요? 그렇다면 이제 그 사명을 이루기 위한 구체적인 목표들을 적어보세요.

적용을 위한 질문

2. 나는 사명을 위해 게으름과 싸우며, 절제하고, 최선을 다해 달려가고 있나요? 내가 절제하거나 버려야 할 것, 또는 바꿔야 할 삶의 태도는 무엇인지 적어보세요.

_____

_____

_____

_____

_____

_____

_____

_____

CHAPTER 8

꿈과 비전을 품고 도전하라

"믿음은 바라는 것들의 실상이요
보이지 않는 것들의 증거니
선진들이 이로써 증거를 얻었느니라"
히브리서 11장 1-2절

8 꿈과 비전을 품고 도전하라

사람들은 대부분 꿈을 갖고 있습니다. 크고 작음의 차이는 있지만, 큰 부자가 되는 꿈, 세계 여행을 하는 꿈, 자기 분야에서 최고가 되는 꿈 등 다양한 꿈을 꾸며 살아갑니다. 여러분은 어떤 꿈을 갖고 있나요?

꿈에 대해 우리가 꼭 알아야 할 것은 인간적인 욕망을 기반으로 하는 꿈과 하나님이 주시는 꿈은 분명히 다르다는 것입니다. 하나님은 우리에게 거룩한 꿈을 주시고 그 꿈을 통해 하나님의 뜻과 계획을 이루어 가십니다. 다시 말해, 꿈을 주시는 분도 하나님이시고, 그 꿈을 이루시는 분도 하나님이시라는 것입니다. 그러므로 하나님이 주신 꿈을 믿음으로 바라보며 도전하는 사람은 반드시 성공하는 삶을 살게 됩니다.

1. 하나님과 동행하라

하나님은 꿈꾸는 사람과 동행하십니다. 꿈꾸는 사람의 대표적인 예가 바로 요셉입니다. 요셉은 17살 때 하나님이 주신 특별한 꿈을 꾸었습니다.

> "요셉이 그들에게 이르되 청하건대 내가 꾼 꿈을 들으시오 우리가 밭에서 곡식 단을 묶더니 내 단은 일어서고 당신들의 단은 내 단을 둘러서서 절하더이다"(창 37:6-7)

요셉의 꿈은 하나님이 주신 꿈이었지만, 요셉의 형제들은 이 꿈을 듣고 그를 미워하여 결국 노예로 팔아버렸습니다. 하나님이 주신 꿈이 오히려 요셉을 절망과 시련으로 이끈 것입니다. 그러나 하나님은 요셉이 가는 곳마다 동행하시며 그의 모든 일을 형통하게 하셨습니다. 결국, 요셉은 하나님이 주신 꿈대로 애굽의 총리가 되었습니다.

> "야훼께서 요셉과 함께 하시므로 그가 형통한 자가 되어 그의 주인 애굽 사람의 집에 있으니 그의 주인이 야훼께서 그와 함께 하심을 보며 또 야훼께서 그의 범사에 형통하게 하심을 보았더라"(창 39:2-3)

하나님을 막을 수 있는 사람은 아무도 없습니다. 우리가 하나님의 꿈을 품고 믿음으로 살아가면, 그 과정에서 어려움이 있을지라도 결국 모든 것이 합력하여 그 꿈을 이룹니다.

말씀 안에 심긴 꿈의 씨앗

하나님은 말씀을 통해 우리에게 꿈을 주십니다. 모세가 세상을 떠난 후, 하나님은 여호수아에게 말씀으로 가나안 정복의 꿈을 주셨습니다.

> "내가 모세에게 말한 바와 같이 너희 발바닥으로 밟는 곳은 모두 내가 너희에게 주었노니 곧 광야와 이 레바논에서부터 큰 강 곧 유브라데 강까지 헷 족속의 온 땅과 또 해 지는

쪽 대해까지 너희의 영토가 되리라"(수 1:3-4)

하나님은 이스라엘 백성에게 "너희 발바닥으로 밟는 곳은 모두 내가 너희에게 주었노니"라고 말씀하셨습니다. "주었노니"라는 완료형 표현은 그들이 아직 그 땅을 점령하지 않았더라도 하나님의 약속을 따라 얻게 될 땅이 '이미' 주어졌음을 의미합니다. 하나님은 이스라엘 백성이 가나안 땅을 밟기도 전에 그곳을 정복하는 꿈을 주시고, 이미 이루어진 것처럼 확신하게 하셨습니다.

이처럼 하나님이 주신 꿈을 이미 이루어진 것처럼 믿고 확신하는 것이 믿음입니다. 하나님은 거룩한 꿈을 품고 믿음으로 나아가는 자와 함께하시겠다고 약속하십니다.

"네 평생에 너를 능히 대적할 자가 없으리니 내가 모세와 함께 있었던 것 같이 너와 함께 있을 것임이니라 내가 너를 떠나지 아니하며 버리지 아니하리니 강하고 담대하라 너는 내가 그들의 조상에게 맹세하여 그들에게 주리라 한 땅을 이 백성에게 차지하게 하리라"(수 1:5-6)

우리는 연약하지만 하나님은 강하십니다. 하나님이 함께하신다면 그 누구도 우리를 대적할 수 없습니다. 그러므로 우리는 하나님이 주신 위대한 꿈을 마음에 품고 담대하게 믿음으로 전진해야 합니다.

하나님의 꿈에는 브레이크가 없다

갈렙은 나이가 많았음에도 하나님이 주시는 꿈을 꾸었습니다. 그는 85세의 나이에 가나안 족속의 강력한 요새인 헤브론을 바라보며 "이 산지를 내게 주소서!"라고 담대하게 외쳤습니다.

> "그 날에 야훼께서 말씀하신 이 산지를 지금 내게 주소서 당신도 그 날에 들으셨거니와 그 곳에는 아낙 사람이 있고 그 성읍들은 크고 견고할지라도 야훼께서 나와 함께 하시면 내가 야훼께서 말씀하신 대로 그들을 쫓아내리이다 하니"(수 14:12)

갈렙은 출애굽한 이스라엘 백성 중 유일하게 여호수아와 함께 약속의 땅 가나안에 들어갔습니다. 그는 40세에 가나안을 정탐하며 하나님이 주신 비전을 마음에 품었습니다. 열 명의 다른 정탐꾼들이 부정적이고 절망적인 보고를 하여 백성들을 두려움에 떨도록 할 때, 갈렙은 하나님의 약속을 굳게 믿고 그 땅을 믿음으로 바라보았습니다. 45년 후 85세가 되었을 때도 하나님이 반드시 그 땅을 주실 것을 확신하며 믿음으로 그 땅을 차지했습니다.

우리는 종종 불가능해 보이는 일에 도전하기를 주저하고, 할 수 없다는 생각에 시작조차 하지 못할 때가 많습니다. 그러나 하나님의 거룩한 꿈을 품고 믿음으로 기도하며 나아가면 하나님은 불가능을 가능하게 하는 놀라운 역사를 이루십니다.

하나님이 주시는 꿈에는 어떤 브레이크도 없습니다. 삶 가운데 일어나는 모든 일은 꿈을 이루어가는 과정에 불과합니다. 오늘도 하나님은 우리 각자에게 거룩한 꿈을 주시며, 그 꿈을 하나님의 뜻 안에서 이루어 가십니다.

2. 하나님을 앙망하라

하나님의 꿈을 품고 나아갈 때 우리는 환경이나 자신의 한계를 바라보지 말고 오직 하나님을 앙망해야 합니다. '앙망'이라는 단어는 '바라다', '기대하다', '기다리다'라는 뜻을 가지고 있습니다. 이것은 단순히 바라보는 것이 아니라, 하나님의 도우심을 간절히 기다리고 신뢰하는 태도를 의미합니다.

> "너는 알지 못하였느냐 듣지 못하였느냐 영원하신 하나님 야훼, 땅 끝까지 창조하신 이는 피곤하지 않으시며 곤비하지 않으시며 명철이 한이 없으시며 피곤한 자에게는 능력을 주시며 무능한 자에게는 힘을 더하시나니 소년이라도 피곤하며 곤비하며 장정이라도 넘어지며 쓰러지되 오직 야훼를 앙망하는 자는 새 힘을 얻으리니 독수리가 날개치며 올라감 같을 것이요 달음박질하여도 곤비하지 아니하겠고 걸어가도 피곤하지 아니하리로다"(사 40:28-31)

하나님은 하나님을 앙망하는 자들에게 독수리가 날개 쳐 올라가는 듯한 새 힘을 주신다고 약속하셨습니다. NIV 영어 성경에서는 '올라감'이라는 단어를 'soar on'으로 번역합니다. 이는 독수리가 로켓처럼 창공을 향해 수직으로 솟아오르는 비상을 의미합니다. 이러한 비행은 다른 새들이 흉내 낼 수 없는 독수리만의 능력입니다. 하나님은 우리에게 그러한 강력한 힘과 능력을 주시겠다고 말씀하십니다.

하나님을 앙망하는 자에게 주어지는 새 힘은 육체적인 힘만을 의미하지 않습니다. 하나님의 거룩한 꿈을 향해 가는 길에는 도전과 장애물이 있고, 때로는 해결할 수 없는 문제가 도사리고 있을 수도 있습니다. 하지만 하나님을 신뢰하며 앙망하는 자는 어떤 상황 속에서도 좌절하지 않고 하나님이 주시는 능력으로 담대하게 나아갈 수 있습니다.

우리의 한계를 바라보면 꿈이 너무 크고 무겁게 느껴질 수 있습니다. 그러나 하나님이 도우시면 이루지 못할 꿈은 없습니다. 그러므로 우리의 시선을 돌려 하나님을 바라보시기 바랍니다. 하나님은 우리가 상상할 수 없는 꿈을 꾸게 하시고, 그 꿈을 이룰 수 있는 능력과 지혜를 주십니다.

오직 하나님을 앙망하며 독수리처럼 힘차게 비상하는 위대한 하나님의 사람이 되시기를 바랍니다.

"내게 능력 주시는 자 안에서 내가 모든 것을 할 수 있느니라"(빌 4:13)

3. 꿈이 이미 이루어졌음을 믿고, 믿음으로 고백하고 행동하라

우리는 꿈꾼 것을 이미 이루어진 것처럼 확신하며 믿음으로 선포하고 행동해야 합니다. 아무것도 이루어지지 않았다고 느껴질 때도 믿음으로 나아가면 하나님이 은혜를 베푸시고 꿈을 이루어 주십니다.

꿈을 이루는 믿음

성경은 믿음을 '바라는 것들의 실상'이라고 말씀합니다.

"믿음은 바라는 것들의 실상이요 보이지 않는 것들의 증거

니"(히 11:1)

여기서 '실상'은 헬라어로 '휘포스타시스'인데, 이는 '아래에서 떠받치는 것' 또는 '확실한 근거'라는 뜻을 가지고 있습니다. 예를 들어 집문서는 주택의 소유권을 증명하는 문서로서 '집'이라는 실체를 뒷받침하는 강력한 증거입니다. 집문서를 가진 사람이 실제로 집을 소유한 것처럼, 믿음은 우리가 바라는 것이 이미 이루어졌음을 확실히 보여주는 근거와 같습니다.

미래는 꿈꾸는 사람의 것입니다. 역사는 꿈꾸는 사람들을 통해 발전해 왔습니다. 지금 당장 눈에 보이는 것이 없고 손에 잡히는 것이 없을지라도, 거룩한 꿈을 품고 이미 이루어진 것처럼 고백하며 행동하시기 바랍니다. 그렇게 할 때 위대한 하나님의 역사를 이루어 가게 될 것입니다.

불가능을 넘어서는 꿈

하나님은 불가능해 보이는 상황 속에서도 약속을 이루십니다. 나이가 많아 아이를 낳을 수 없는 아브라함과 사라에게 하나님은 하늘에 떠있는 수많은 별을 바라보게 하시며 다음과 같이 약속하셨습니다.

"그를 이끌고 밖으로 나가 이르시되 하늘을 우러러 뭇별을 셀 수 있나 보라 또 그에게 이르시되 네 자손이 이와 같으리라"(창 15:5)

또한 아브라함에게 '여러 민족의 아버지', 사라에게 '여러 민족의 어머니'라는 이름을 주시어 하나님이 주신 불가능한 꿈을 믿음으로 고백하게 하셨습니다.

"이제 후로는 네 이름을 아브람이라 하지 아니하고 아브라함이라 하리니 이는 내가 너를 여러 민족의 아버지가 되게 함이니라 내가 너로 심히 번성하게 하리니 내가 네게서 민족들이 나게 하며 왕들이 네게로부터 나오리라"(창 17:5-6)

"하나님이 또 아브라함에게 이르시되 네 아내 사래는 이름을 사래라 하지 말고 사라라 하라 내가 그에게 복을 주어 그가 네게 아들을 낳아 주게 하며 내가 그에게 복을 주어 그를 여러 민족의 어머니가 되게 하리니 민족의 여러 왕이 그에

게서 나리라"(창 17:15-16)

그러나 아브라함은 사라가 아들을 낳을 것이라는 하나님의 말씀을 듣고 엎드려 웃었습니다. 이미 백발이 성성한 노인이 된 두 사람에게는 불가능한 일이었기 때문입니다. 하지만 하나님은 약속하신 대로 그들에게 아들 이삭을 주셨습니다.

하나님은 인간의 생각이나 한계를 넘어서 역사하십니다. 그러므로 우리는 하나님이 주신 거룩한 꿈이 이루어질 것을 믿음으로 고백해야 합니다. 하나님은 약속하신 바를 반드시 이루시는 분임을 기억하시기 바랍니다.

꿈을 이루는 최고의 도구 - 기도

기도는 꿈을 이루는 데 가장 중요한 도구입니다. 기도는 부흥의 원동력이자, 문제 해결의 열쇠이며, 하나님의 능력을 나타내는 통로입니다. 교회의 성장과 개인의 신앙성숙, 질병 치유와 같은 기적을 일으키는 힘이 있습니다. 기도가 살아있는 교회는 하나님이 함께하셔서 놀라운 부흥의 역사를 이루십니다.

"그러므로 내가 너희에게 말하노니 무엇이든지 기도하고 구하는 것은 받은 줄로 믿으라 그리하면 너희에게 그대로 되리라"(막 11:24)

기도는 꿈을 이루는 전제 조건입니다. 기도 없이는 어떤 기적도 일어나지 않습니다. 하나님은 우리의 간절한 기도를 통해 우리에게 주신 거룩한 꿈이 이루어지게 해주십니다. 기도의 용사가 되어 하나님의 거룩한 꿈을 이루시고, 하나님의 큰 은혜와 축복을 누리시기를 바랍니다.

하나님은 우리 각자에게 꿈을 주시고 그 꿈을 통해 하나님의 뜻을 이루어 가십니다. 그 꿈을 이루는 과정이 아무리 험난하고 힘들다고 해도 낙심하지 마십시오. 눈에 보이는 증거가 없어도 하나님이 반드시 이루신다는 것을 믿고 고백하며 믿음으로 담대히 전진하십시오. 꿈과 믿음을 가지고 간절히 하나님 앞에 기도하여 하나님께 영광 돌리는 위대한 하나님의 사람이 되시기를 소망합니다.

적용을 위한 질문

1. 하나님이 나에게 주신 거룩한 꿈이 있다면 무엇인지 구체적으로 적어보세요

_____

_____

_____

_____

_____

_____

_____

_____

적용을 위한 질문

2. 하나님이 주신 꿈을 이루기 위해 내가 실천해야 할 노력과 행동은 무엇인지 적어보세요.

CHAPTER 9

열정을 회복하라

"내가 네 행위를 아노니
네가 차지도 아니하고 뜨겁지도
아니하도다 네가 차든지 뜨겁든지
하기를 원하노라
네가 이같이 미지근하여 뜨겁지도
아니하고 차지도 아니하니
내 입에서 너를 토하여 버리리라"
요한계시록 3장 15-16절

9 열정을 회복하라

　감리교 창시자인 존 웨슬리는 본래 성공회 목사였습니다. 그는 미국으로 선교를 갔다가 실패하고 본국으로 돌아가는 길에 풍랑을 만났습니다. 풍랑 속에서 두려움에 떨고 있던 그는 한 무리의 사람들이 찬송을 부르며 기도하는 모습을 보고 큰 충격을 받았습니다. 그들은 당시 성령운동을 하던 모라비안 교도들이었습니다.

　1738년 5월 24일 수요일 저녁, 존 웨슬리는 런던 올더스게이트 거리에서 열린 모라비안 교도들의 기도회에서 강력한 성령의 임재를 경험했습니다. 이후 그는 완전히 변화되어 세계 곳곳을 다니며 열정적으로 복음을 전했습니다. 그의 설교로 도시가 변화되고 수많은 사람이 회심하는 역사가 일어났습니다. 88세로 하나님의 부르심을 받기까지 일평생 열정적인 복음 전도의 삶을 살았습니다. 그는 이렇게 고백했습니다. "내 마음속에 끊임없이 타오르는 불길이 있었다."

존 웨슬리의 고백이 우리의 고백이 되어야 합니다. 지성소 안에 놓인 금촛대의 불이 꺼지지 않은 것처럼, 우리 마음속에도 성령의 불이 항상 타올라야 합니다.

1. 열정을 회복하라

요한계시록에는 소아시아의 일곱 교회가 나오는데, 그중 라오디게아 교회를 향해 예수님은 다음과 같이 책망하셨습니다.

"내가 네 행위를 아노니 네가 차지도 아니하고 뜨겁지도 아니하도다 네가 차든지 뜨겁든지 하기를 원하노라 네가 이같이 미지근하여 뜨겁지도 아니하고 차지도 아니하니 내

입에서 너를 토하여 버리리라"(계 3:15-16)

혹시 동일하게 말씀하시는 주님의 음성이 들리진 않습니까? 예배할 때, 찬양할 때 우리 마음 가운데 뜨거운 열정이 사라지진 않았나요? 우리의 신앙이 라오디게아 교회의 신앙처럼 미지근하다면 성령의 불이 임하여 다시 뜨겁게 타오르게 해달라고 간구해야 합니다.

뜨거운 열정을 가지라

뜨거운 열정을 가진 사람은 어떤 일을 하더라도 중도에 포기하지 않고 끝까지 목표를 향해 나아갑니다. 열정이 우리의 발걸음을 이끌기 때문입니다.

맹인 거지 바디매오는 열정을 가진 사람이었습니다. 그는 나면서부터 앞을 보지 못했지만, 그의 마음에는 눈을 뜨고자 하는 뜨거운 욕망이 있었습니다. 그러던 중 예수님에 관한 소식을 듣게 된 바디매오는 예수님이 그의 앞을 지나가실 때 큰 소리로 외쳤습니다. "다윗의 자손 예수여!" 바디매오가 온 힘을 다해 부르는 소리에 예수님은 발걸음을 멈추고 "무엇을 원하느냐?"라고 물으셨습니다. 그때 바디매오는 뜨거운 소원을 가지고 "보기를 원합니다."라고 대답했습니다.

> "나사렛 예수시란 말을 듣고 소리 질러 이르되 다윗의 자손 예수여 나를 불쌍히 여기소서 하거늘 많은 사람이 꾸짖어 잠잠하라 하되 그가 더욱 크게 소리 질러 이르되 다윗의 자손이여 나를 불쌍히 여기소서 하는지라 … 예수께서 말씀하여 이르시되 네게 무엇을 하여 주기를 원하느냐 맹인이 이르되 선생님이여 보기를 원하나이다 예수께서 이르시되 가라 네 믿음이 너를 구원하였느니라 하시니 그가 곧 보게 되어 예수를 길에서 따르니라"(막 10:47-52)

우리의 기도는 바디매오의 외침처럼 예수님의 발걸음을 멈추게 할 만큼 열정적인가요? 예수님은 우리의 필요를 이미 다 아시지만, 응답의 문턱에서 다시 한번 우리에게 무엇을 원하는지 물으실 때가 있습니다. 우리 믿음의 열정을 확인하시기 위함입니다.

무슨 일을 하든지 열정을 품고 도전하시기를 바랍니다. 열정을 가진 사람만이 성공할 수 있습니다. 학교에서 공부하든, 직장에서 일하든 열정을 갖고 최선을 다해야 성공적인 인생을 살 수 있습니다.

내 열정을 모두가 알게 하라

열정은 감출 수 없습니다. 마음에 열정이 가득한 사람은 맡은 일에 온 마음을 다하게 되고, 말과 행동이 적극적, 생산적, 창의적으로 변합니다. 그로 인해 주위 사람들이 자연스럽게 그의 열정을 느끼게 됩니다.

식당에서도 열정이 있는 사람과 없는 사람을 쉽게 구별할 수 있습니다. 열정이 있는 종업원은 손님의 필요를 빠르게 파악하고 스스로 일을 찾아 움직입니다. 예를 들어, 테이블에 냅킨이 부족하면 손님이 말하기 전에 냅킨을 가져다주고, 반찬이나 물이 떨어지면 즉시 채워줍니다. 반면, 열정이 없는 종업원은 손님이 불러도 반응이 없고, 여러 번 부르고 나서야 겨우 움직이곤 합니다.

하나님이 우리의 모습을 보실 때도 마찬가지일 것입니다. 열정을 가진 사람은 하나님이 기뻐하실 일을 찾아 부지런히 움직이고 끊임없이 도전합니다. 하나님은 이처럼 열정을 가진 사람을 사용하시고 큰 복을 부어주십니다.

2. 열정을 품고 하나님을 섬기라

하나님의 일을 할 때 우리는 더욱 열심을 품고 하나님을 섬겨야 합니다. 크리스천은 하나님의 나라와 의를 구하며 하나님을 섬기는 것이 우리 인생의 우선순위가 되어야 하기 때문입니다(마 6:33).

하나님을 섬기는 열정

하나님을 열정적으로 섬기는 마음은 헌신과 봉사의 모습으로 나타납니다. 교회에 처음 와서 성전을 찾지 못해 두리번거리는 새신자가 있다면, 먼저 다가가 "어디를 찾으세요? 도와드릴까요?"라고 물어보고, 거동이 불편한 분이 있을 때는 부축해서 계단 오르는 것을 도와드리고, 누군가 화장실을 찾고 있다면 친절하게 안내해 주는 행동이 하나님을 섬기는 열정의 표현입니다. 이렇기 열정을 가진 성도들이 끓을 때 우리 교회는 더욱 부흥할 것입니다.

> "부지런하여 게으르지 말고 열심을 품고 주를 섬기라 소망 중에 즐거워하며 환난 중에 참으며 기도에 항상 힘쓰며"(롬 12:11-12)

"감나무 밑에 누워 감 떨어지기만 기다린다."라는 속담이 있습니다. 아무런 노력 없이 좋은 결과만 바라는 게으른 태도를 꾸짖는 말입니다. 감을 얻고자 한다면 긴 작대기로 나뭇가지를 치거나, 사다리를 타고 나무에 올라가야 합니다. 가만히 앉아 기다리는 사람에게 성공이 찾아오지 않습니다.

신앙생활에서 성공하고 싶다면 부지런히 주를 섬겨야 합니다. 부지런히 기도하고, 말씀을 읽고, 봉사해야 합니다. 하나님의 일에 열정을 가지고 임할 때 그것이 곧 성공으로 가는 발걸음이 되며, 하나님이 그 발걸음을 인도해 주실 것입니다.

이웃을 섬기는 열정

하나님을 향한 우리의 열정은 예배에만 그치지 말고, 이웃에게 어떤 도움을 줄 수 있을지 고민하는 섬김의 열정으로 그 범위를 확대해야 합니다.

"성도들의 쓸 것을 공급하며 손 대접하기를 힘쓰라"(롬 12:13)

우리가 드리는 예배는 결코 교회 안에서의 예배에 한정되지 않습니다. 우리는 교회의 울타리를 넘어 일상생활의 영역에서도 하나님께 예배를 드려야 합니다. 예배의 궁극적인 목적이 하나님께 영광을 돌리는 것이라면, 우리는 사도 바울의 고백처럼 먹든지 마시든지, 언제 어디서 무엇을 하든지 하나님의 영광을 위해, 즉 하나님을 예배하는 자세로 살아야 합니다(고전 10:31).

특히 하나님을 향한 열정을 가진 크리스천은 이웃을 사랑하고 섬김으로써 하나님께 영광을 올려 드리는 삶을 살아야 합니다. 어려운 이웃을 보면 그냥 지나치지 말고, 주님을 섬기는 마음으로 섬겨주며, 도움이 필요한 사람이 있으면 하나님의 사랑으로 먼저 다가가서 도움의 손을 내밀어야 합니다. 이러한 삶이 곧 하나님이 기뻐하시는 "거룩한 산 제물"이고 "영적 예배"입니다(롬 12:1).

3. 자신을 훈련하라

안타깝게도 한때 뜨겁게 타오르던 열정이 사라지는 경우가 많습니다. 그렇기에 우리는 열정을 유지하기 위해 자신을 훈련해야 합니다. 자동차가 한 번 휘발유를 채운다고 해서 평생 달릴 수 없는 것처럼 우리도 계속해서 마음에 열정이 가득 찰 수 있도록 노력해야 합니다.

인내와 연단의 과정을 통과하라

신앙생활에서 연단의 과정은 꼭 필요합니다.

> "다만 이뿐 아니라 우리가 환난 중에도 즐거워하나니 이는 환난은 인내를, 인내는 연단을, 연단은 소망을 이루는 줄 앎이로다"(롬 5:3-4)

세상일에 마음을 빼앗겨 살다 보면 말씀과 예배를 소홀히 하거나, 기도하는 마음이 식어버릴 때가 있습니다. 우리의 열정이 사그라질 때 하나님은 시련과 고난을 통해 우리를 연단하시며 다시 하나님을 바라보게 하십니다. 그 과정에서 우리는 더 이상 재물이나 사람을 의지하지 않고, 오직 하나님만이 내 삶의 구원자이심을 깨닫게 됩니다. 그렇게 하나님을 다시 만나게 될 때 하나님을 향한 열정이 자연스럽게 회복됩니다. 그러므로 신앙생활에서 인내와 연단의 과정은 매우 중요합니다.

열정을 빼앗는 것들을 경계하라

또한 우리의 열정을 빼앗아 갈 수 있는 일들에 대해 반드시 경계해야 합니다. 중요한 경기를 앞둔 운동선수들은 최선의 성적을 내기 위해 먹는 것을 가리고, 잠을 잘 때도 숙면을 방해할 수 있는 요소들을 제거하려고 노력합니다. 이 외에도 경기 중에 장애가 될 수 있는 모든 것을 경계하고 피합니다.

루마니아의 유명한 체조 선수 나디아 코마네치는 올림픽에서 금메달을 딴 후 인터뷰에서 "가장 하고 싶은 일이 무엇인가요?"라는 질문에 "아이스크림 먹고 싶어요."라고 대답해 화제가 되었습니다. 당시 그녀는 10대 소녀였습니다. 또래 친구들이 아이스크림을 먹을 때 자신도 너무나 먹고 싶었지만, 목표를 향해 달려가느라 그 욕구를 참았던 것입니다. 이처럼 그녀는 금메달을 향한 열정으로 모든 방해 요소를 자제했고, 결국 큰 성과를 거둘 수 있었습니다.

육신의 일을 버리라

우리가 믿음의 경주를 할 때도 마찬가지입니다. 우리 마음에 타오르는 열정과 성령의 역사를 꺼지게 하는 것이 무엇인가요? 바로 육신의 일입니다. 골로새서 3장 5-10절은 다음과 같이 경고합니다.

> "그러므로 땅에 있는 지체를 죽이라 곧 음란과 부정과 사욕과 악한 정욕과 탐심이니 탐심은 우상 숭배니라 이것들로 말미암아 하나님의 진노가 임하느니라 너희도 전에 그 가운데 살 때에는 그 가운데서 행하였으나 이제는 너희가 이 모든 것을 벗어 버리라 곧 분함과 노여움과 악의와 비방과 너희 입의 부끄러운 말이라 너희가 서로 거짓말을 하지 말라 옛 사람과 그 행위를 벗어 버리고 새 사람을 입었으니 이

는 자기를 창조하신 이의 형상을 따라 지식에까지 새롭게 하심을 입은 자니라"(골 3:5-10)

음란과 부정과 사욕과 같은 것들이 하나님을 향한 뜨거운 열정의 불을 끄는 것입니다. 우리 안에 늘 성령의 불이 뜨겁게 타올라야 하는데, 육신에 속한 정욕과 탐심이 들어오면 거룩한 성령의 불이 힘을 잃어버립니다. 그렇기에 우리가 열정적인 하나님의 사람으로 살기 위해서는 날마다 자신을 돌아보고 육신의 일을 제거해야 합니다.

경건에 이르기를 힘쓰라

한 걸음 더 나아가 우리는 영적 훈련을 통해 경건에 이르기를 힘써야 합니다. 경건은 우리의 열정을 유지하는 큰 능력입니다. 세상 사람들은 육신의 일에 마음과 시간을 쏟지만, 크리스천은 하나님의 일에 마음과 시간을 드려야 합니다. 말씀과 기도로 하루를 시작하고, 틈틈이 전도하며, 교회에 와서 예배하고 봉사하면서 하나님께 가까이 가고자 힘쓸 때, 하나님이 우리가 열정을 유지할 수 있도록 힘을 공급해 주십니다.

> "망령되고 허탄한 신화를 버리고 경건에 이르도록 네 자신을 연단하라 육체의 연단은 약간의 유익이 있으나 경건은 범사에 유익하니 금생과 내생에 약속이 있느니라"(딤전 4:7-8)

많은 사람이 다른 사람에게는 엄격하지만, 자신에게는 관대해지는 경우가 많습니다. 자신의 문제점은 돌아보지 않고, 다른 사람의 잘못은 가차 없이 비판하고 비난합니다. 그런 자들에게 주님은 이렇게 말씀하십니다. "어찌하여 형제의 눈 속에 있는 티는 보고 네 눈 속에 있는 들보는 깨닫지 못하느냐"(눅 6:41).

크리스천은 늘 하나님 앞에 서 있다는 심정으로 자기 자신에게 엄격해야 합니다. 기도가 부족하지 않은지 스스로 돌아보고 기도의 열정을 회복해야 합니다. 감사가 부족할 때는 감사의 열정을 회복해야 합니다. 또한 맡겨진 일에 성실하지 못할 때는 뜨거운 사명감을 회복해야 합니다.

열정을 가진 사람은 누구도 당할 수 없습니다. 열정 있는 한 사람은 열 사람 이상의 일을 할 수 있습니다. 우리가 말과 행동,

그리고 시간까지 지혜롭게 관리하며 경건한 삶을 살 때 하나님은 우리의 열정이 꺼지지 않도록 날마다 성령의 불을 내려주실 것입니다.

부정적인 말은 열정을 식게 만든다

우리의 큰 약점 중 하나는 바로 말입니다. 우리는 종종 깊게 생각하지 않고 경솔하게 말을 내뱉고, 그 말로 인해 타인에게 상처를 줄 때가 있습니다. 특히 부정적인 말, 남에 대한 비판, 불필요한 말들은 우리의 열정을 빼앗고 듣는 사람의 마음도 어둡게 만듭니다.

"우리가 다 실수가 많으니 만일 말에 실수가 없는 자라면 곧 온전한 사람이라 능히 온 몸도 굴레 씌우리라 우리가 말들의 입에 재갈 물리는 것은 우리에게 순종하게 하려고 그 온 몸을 제어하는 것이라"(약 3:2-3)

우리가 부정적인 말을 하지 않으려고 노력하는 것도 중요하지만, 부정적인 말을 듣지 않는 것 또한 중요합니다. 요즘 TV와 유튜브를 보면 부정적인 이야기로 가득 차있습니다. 심지어

진실 여부를 검증하지도 않고 부정적인 말로 사람들을 자극하여 조회수를 올리려는 사람들도 많습니다. 이러한 거짓과 부정적인 말들이 가득한 매체를 자주 접하면 우리의 신앙도 부정적인 영향을 받게 됩니다. 부정적인 말은 우리의 신앙 열정을 식게 만듭니다. 그러므로 우리는 성경을 읽고 기도하는 데 더 많은 시간을 할애해야 합니다. 유튜브를 보더라도 성경을 읽어주는 채널이나 찬양을 들을 수 있는 프로그램, 은혜로운 설교나 신앙 간증을 들을 수 있는 콘텐츠를 선택하는 것이 좋습니다. 신앙생활에 방해되는 부정적인 것들을 다 끊어내고, 핸드폰, SNS, 유튜브 등에 쏟는 시간을 아껴서 더욱 하나님께 집중하시기를 바랍니다.

우리가 하나님을 더 뜨겁게 사랑하고, 더 열심히 기도하고, 맡기신 일에 최선을 다한다면 하나님은 우리를 위대한 하나님의 사람으로, 성공하는 크리스천으로 세워주실 것입니다.

적용을 위한 질문

1. 나는 하나님을 향한 열정을 품고 있나요? 나는 열정적으로 기도하고 봉사하며 예배드리고 있나요? 열정을 회복하기 위해 내가 무엇을 해야 할지 적어보세요.

_____

_____

_____

_____

_____

_____

_____

적용을 위한 질문

2. 나의 하루를 돌아볼 때 말씀 묵상과 기도로 하나님과 교제하는 시간과 유튜브나 SNS에 소비한 시간 중 어느 쪽이 더 많은가요? 신앙의 열정을 유지하기 위해 버려야 할 것, 절제해야 할 것은 무엇인지 적어보세요.

_____

_____

_____

_____

_____

_____

CHAPTER
10

응답받을 때까지 기도하라

"구하라 그리하면 너희에게
주실 것이요 찾으라 그리하면
찾아낼 것이요 문을 두드리라
그리하면 너희에게 열릴 것이니
구하는 이마다 받을 것이요
찾는 이는 찾아낼 것이요
두드리는 이에게는 열릴 것이니라"
마태복음 7장 7-8절

10 응답받을 때까지 기도하라

크리스천이 하나님의 뜻을 이루며 살아가기 위해서는 성령 충만을 받아야 하고, 말씀에 순종하며 맡겨진 직분을 성실하게 감당해야 합니다. 예배를 잘 드리고 전도에 힘쓰는 일도 매우 중요하지만, 이 모든 일은 영적인 호흡인 기도를 통해 가능합니다. 기도 없이는 어떤 일도 온전하게 이룰 수 없습니다.

기도는 응답을 받을 때까지 계속하는 것입니다. 하나님은 우리의 기도에 대해 허락하심(YES), 거절하심(NO), 기다림(WAIT)이라는 세 가지 방식으로 응답하십니다. 따라서 기도가 당장 응답되지 않는 것처럼 느껴질 수 있지만, 그런 순간에도 포기하지 말고 응답을 받을 때까지 끊임없이 기도해야 합니다.

1. 간구하라

간절히 구하고 찾으라

예수님은 제자들에게 기도를 가르치실 때 "구하라. 찾으라. 두드리라."라고 말씀하셨습니다. 이는 단순히 의무감이나 형식적으로 기도하는 것을 넘어서 간절한 마음으로 열정적으로 기도해야 함을 강조하는 말씀입니다.

> "구하라 그리하면 너희에게 주실 것이요 찾으라 그리하면 찾아낼 것이요 문을 두드리라 그리하면 너희에게 열릴 것이니 구하는 이마다 받을 것이요 찾는 이는 찾아낼 것이요 두드리는 이에게는 열릴 것이니라" (마 7:7-8)

하나님의 능력을 경험하기 위해서는 간절한 기도가 필요합니다. 하나님은 감옥에 갇힌 예레미야 선지자에게 다음과 같이 말씀하셨습니다.

"일을 행하시는 야훼, 그것을 만들며 성취하시는 야훼, 그의 이름을 야훼라 하는 이가 이와 같이 이르시도다 너는 내게 부르짖으라 내가 네게 응답하겠고 네가 알지 못하는 크고 은밀한 일을 네게 보이리라"(렘 33:2-3)

하나님은 모든 일을 계획하시고 성취하시는 전능하신 분이십니다. 우리의 필요를 이미 아시며, 우리가 구하기 전에 모든 것을 주실 수 있습니다. 그렇지만 하나님은 우리가 하나님께 간구하기를 원하시며, 우리가 기도할 때 크고 놀라운 일을 이루십니다.

우리가 영적으로 무기력해지고 시험에 들게 되는 이유는 기도의 부족으로 인해 마귀가 우리의 약점을 공격하기 때문입니다. 그러므로 우리는 날마다 간절한 마음으로 부르짖어 기도하고, 하나님의 능력으로 승리하는 삶을 살아가야 합니다.

예수님의 이름으로 구하라

하나님은 예수님의 이름으로 구하는 자에게 응답하십니다.

"너희가 내 이름으로 무엇을 구하든지 내가 행하리니 이는 아버지로 하여금 아들로 말미암아 영광을 받으시게 하려 함이라"(요 14:13)

"지금까지는 너희가 내 이름으로 아무 것도 구하지 아니하였으나 구하라 그리하면 받으리니 너희 기쁨이 충만하리라"(요 16:24)

예수님의 이름은 기도 응답의 열쇠입니다. 우리가 말씀을 신뢰하며 예수님의 이름으로 기도하면 모든 기도가 응답되고 하나님의 능력을 경험할 수 있습니다.

사도행전 3장에서 베드로와 요한이 기도하러 성전에 올라가던 중, 태어나면서부터 걷지 못하는 한 사람을 만났습니다. 그때 베드로는 이렇게 말했습니다.

"베드로가 이르되 은과 금은 내게 없거니와 내게 있는 이것을 네게 주노니 나사렛 예수 그리스도의 이름으로 일어나 걸으라 하고"(행 3:6)

그는 베드르의 말을 듣고 즉시 일어나 걷고 뛰며 하나님을 찬양했습니다. 이처럼 예수님의 이름에는 병을 치유하고 기적을 일으키는 능력이 있습니다. 베드로는 은과 금은 없었지만, 예수님의 이름으로 기적을 일으킬 수 있었습니다. 오늘날 우리도 예수님의 이름을 의지해 그분의 능력을 경험할 수 있습니다.

또한 예수님의 이름에는 귀신을 제어하는 권세가 있습니다. 바울은 2차 선교여행 중 빌립보에서 점치는 귀신 들린 여종을 만났습니다. 그녀가 바울과 그의 일행을 따라다니며 소란을 피우자 바울은 예수님의 이름으로 그녀를 억압하던 귀신을 쫓아냈습니다.

"이같이 여러 날을 하는지라 바울이 심히 괴로워하여 돌이켜 그 귀신에게 이르되 예수 그리스도의 이름으로 내가 네게 명하노니 그에게서 나오라 하니 귀신이 즉시 나오니라"(행 16:18)

우리가 예수님의 이름으로 기도하고 선포할 때 귀신은 두려워하며 떠납니다. 부정적인 생각이나 염려가 들 때 예수님의 이름을 의지하여 담대히 선포하십시오. "예수님의 이름으로 명하노니 부정적인 생각은 떠나가라! 염려와 걱정은 물러가라!"

우리가 예수님의 이름으로 기도하고 믿음으로 선포할 때 우리 삶의 문제와 어려움이 해결되고, 하나님의 기적과 역사가 나타날 것입니다. 예수님의 이름을 의지하여 담대하게 기도하여 위대한 하나님의 사람으로 살아가시기를 바랍니다.

2. 성령님의 도우심을 받으라

성령 안에서 기도하라

기도는 사람의 힘으로만 하는 것이 아닙니다. 성령님의 도우심을 의지하며 기도할 때 위대한 능력이 나타납니다.

> "사랑하는 자들아 너희는 너희의 지극히 거룩한 믿음 위에 자신을 세우며 성령으로 기도하며"(유 1:20)

"모든 기도와 간구를 하되 항상 성령 안에서 기도하고 이를 위하여 깨어 구하기를 항상 힘쓰며 여러 성도를 위하여 구하라"(엡 6:18)

성령님을 의지하여 기도하면 성령의 능력이 임하고, 하나님의 놀라운 역사를 이룰 수 있습니다. 반면, 기도를 소홀히 하면 영적으로 약해져 사소한 일에도 낙심하거나 죄에 빠질 수 있습니다.

그러므로 우리는 영적으로 깨어 성령 안에서 기도하여 날마다 성령의 재충만을 받아야 합니다. 이렇게 할 때 우리는 강한 영적 군사가 되어 영적 전쟁에서 승리할 수 있습니다.

성령님이 우리를 위해 간구하신다

성령님은 우리의 연약함을 아시고, 우리가 무엇을 기도해야 할지 모를 때에도 우리를 대신하여 하나님께 간구하십니다.

"이와 같이 성령도 우리의 연약함을 도우시나니 우리는 마땅히 기도할 바를 알지 못하나 오직 성령이 말할 수 없는 탄

식으로 우리를 위하여 친히 간구하시느니라"(롬 8:26)

성령님의 도우심을 받기 위해 방언기도를 하는 것이 매우 유익합니다. 방언기도를 하면 성령님이 우리 안에서 우리의 영과 함께 기도해 주십니다. 동시에 우리는 영으로 기도하며, 마음으로 하나님께 기도하게 됩니다.

"그러면 어떻게 할까 내가 영으로 기도하고 또 마음으로 기도하며 내가 영으로 찬송하고 또 마음으로 찬송하리라"(고전 14:15)

방언기도를 통해 우리는 하나님과 더욱 친밀한 영적 교제를 나누게 되며, 우리의 영혼이 새롭게 되는 은혜를 경험할 수 있습니다. 방언기도는 우리의 기도가 더욱 깊어지게 할 뿐만 아니라 우리의 마음과 생각을 하나님의 뜻에 더욱 가까이 이끌어 줍니다.

저는 4대째 장로교 교회를 섬기던 집안에서 성장했습니다. 당시 장로교 교회는 매우 엄숙한 분위기여서 기침 소리조차 내지 못하고 조용히 예배만 드렸습니다. 가정예배를 드릴 때도 할아버지가 전하시는 말씀을 듣고, 가족들이 돌아가면서 기도하는 것이 전부였습니다.

그런데 순복음교회에 와 보니 예배를 드리는데 사람들이 박수를 치며 찬양하고, 북을 치고, 트럼펫을 불고 있었습니다. 설교 후 "주여!" 삼창을 외치면서 손을 들고 부르짖어 기도하는데, 마치 폭포 소리처럼 들렸습니다. 모든 성도가 한마음이 되어 교회 천장이 떠나갈 정도로 간절히 부르짖으며 방언으로 기도하고 있었습니다.

조용기 원로목사님은 예배 때마다 성령충만을 받고 방언으로 기도할 것을 강조하셨습니다. 당시 저는 성령충만을 받기 전에는 5분도 기도하기 힘들었지만, 성령충만을 받고 방언기도를 하니까 3시간도 기도할 수 있게 되었습니다.

그 경험을 통해 저는 예수님을 인격적으로 만나게 되었고, 중학교 1학년 때부터 학교가 끝나면 반드시 교회에 가서 한두 시간씩 기도하고 집에 갔습니다. 그렇게 중고등학생 시절 하나님과 깊은 교제를 나누며 보낸 기억은 제 인생에서 가장 소중한 시간이었습니다.

성령 안에서 기도하면 우리의 인생이 놀랍게 변화됩니다. 성령충만을 받고 방언으로 기도하기를 힘쓰시기 바랍니다. 우리가 방언으로 기도할 때 성령님이 우리의 연약함을 아시고 함께 기도해 주시며, 이를 통해 하나님의 위대한 역사가 일어납니다.

3. 하나님의 뜻에 합당하게 기도하라

죄로 인해 하나님과의 관계가 단절된 사람은 기도 응답을 받을 수 없습니다. 그러므로 우리는 먼저 회개하고 하나님과의 관계를 바르게 한 후, 그분의 뜻에 합당하게 기도해야 합니다.

> "하나님이 죄인의 말을 듣지 아니하시고 경건하여 그의 뜻대로 행하는 자의 말은 들으시는 줄을 우리가 아나이다"
> (요 9:31)

하나님의 뜻은 성경에 자세히 기록되어 있습니다. 따라서 우리는 날마다 말씀을 묵상하고, 그 말씀을 의지하여 기도하는 것이 중요합니다. 말씀에 근거한 하나님의 뜻에 합당한 기도는 반드시 응답받게 됩니다.

"그를 향하여 우리가 가진 바 담대함이 이것이니 그의 뜻대로 무엇을 구하면 들으심이라 우리가 무엇이든지 구하는 바를 들으시는 줄을 안즉 우리가 그에게 구한 그것을 얻은 줄을 또한 아느니라"(요일 5:14-15)

예수님은 십자가를 지시기 전에 겟세마네 동산에서 "나의 원대로 마시옵고 아버지의 원대로 하옵소서"(마 26:39)라고 기도하셨습니다. 이처럼 우리도 자신의 뜻을 내려놓고 하나님의 뜻에 온전히 순종하는 마음으로 기도할 때, 하나님은 우리의 기도에 반드시 응답하십니다.

4. 응답받을 때까지 기도하라

기도는 응답이 올 때까지 계속해야 합니다. 엘리야 시대에 3년 반 동안이나 비가 오지 않았습니다. 그때 엘리야 선지자는 갈멜산에서 바알과 아세라 선지자들 850명과 대결하여 승리한 후에 아합에게 "큰 비 소리가 있나이다"라고 말했습니다.

"엘리야가 아합에게 이르되 올라가서 먹고 마시소서 큰 비 소리가 있나이다 아합이 먹고 마시러 올라가니라"(왕상 18:41-42)

엘리야는 비가 올 것처럼 보이지 않았지만, 믿음으로 비가 올 것을 선포한 후 갈멜산 꼭대기에 올라가 얼굴을 무릎 사이에 넣고 하나님께 간절히 기도했습니다. 동시에 사환에게 일곱 번이나 바다 쪽을 바라보게 하여 구름이 있는지 확인하게 했습니다.

그러자 사람의 손만 한 작은 구름이 나타났습니다. 엘리야는 이것이 하나님의 응답인 줄 알고 아합에게 비가 내릴 것이니

속히 마차를 타고 내려가라고 말했습니다. 엘리야가 말한 대로 곧 하늘에서 비가 쏟아졌습니다.

> "엘리야가 갈멜 산 꼭대기로 올라가서 땅에 꿇어 엎드려 그의 얼굴을 무릎 사이에 넣고 그의 사환에게 이르되 올라가 바다쪽을 바라보라 그가 올라가 바라보고 말하되 아무것도 없나이다 이르되 일곱 번까지 다시 가라 일곱 번째 이르러서는 그가 말하되 바다에서 사람의 손만 한 작은 구름이 일어나나이다 이르되 올라가 아합에게 말하기를 비에 막히지 아니하도록 마차를 갖추고 내려가소서 하라 하니라"(왕상 18:42-44)

기도가 응답되기 위해서는 인내가 필요합니다. 하나님의 뜻에 합당한 기도를 하고 있다면, 응답이 오지 않는 것처럼 보여도 절대로 낙심하지 말고 끝까지 기도해야 합니다. 하나님의 뜻대로 간절히 구하는 기도에 하나님은 반드시 응답해 주십니다.

우리는 간절하게 예수님의 이름으로 기도하고, 성령 안에서 기도하며, 하나님의 뜻대로 기도해야 합니다. 무엇보다 중요한 것은 응답이 올 때까지 끈질기게 기도하는 것입니다. 하나님의 약속을 신뢰하며 기도할 때, 우리는 반드시 응답을 받게 되고, 하나님의 영광을 나타내는 위대한 하나님의 사람들이 될 것입니다.

기도가 응답되기 위해서는 인내가 필요합니다.
하나님의 뜻에 합당한 기도를 하고 있다면,
응답이 오지 않는 것처럼 보여도
절대로 낙심하지 말고 끝까지 기도해야 합니다.

적용을 위한 질문

1. 나의 기도 제목을 적어보고, 기도가 응답될 때까지 끝까지 기도해 봅시다.

   _____

   _____

   _____

   _____

   _____

   _____

   _____

   _____

적용을 위한 질문

2. 하나님의 뜻에 합당한 기도를 드리기 위해 내가 실천할 일은 무엇인지 적어봅시다.

CHAPTER 11

거룩한 습관을 가져라

"복 있는 사람은 악인들의 꾀를
따르지 아니하며 죄인들의 길에
서지 아니하며 오만한 자들의
자리에 앉지 아니하고
오직 야훼의 율법을 즐거워하여
그의 율법을 주야로 묵상하는도다
그는 시냇가에 심은 나무가
철을 따라 열매를 맺으며
그 잎사귀가 마르지 아니함 같으니
그가 하는 모든 일이
다 형통하리로다"
시편 1편 1-3절

11 거룩한 습관을 가져라

"낙숫물이 댓돌을 뚫는다."라는 속담이 있습니다. 매일 조금씩 떨어지는 작은 물방울이 결국 단단한 돌까지도 뚫을 수 있다는 뜻입니다. 이처럼 우리 삶 속에서 반복되는 작은 습관들이 우리의 인생을 변화시킵니다. 좋은 습관은 성취와 행복을 가져다주지만, 나쁜 습관은 삶을 파괴할 수 있습니다. 그러므로 어떤 습관을 갖는가는 매우 중요한 문제입니다.

습관의 중요성은 신앙생활과도 밀접한 연관이 있습니다. 크리스천으로서의 거룩한 삶은 아주 사스한 습관에서부터 시작됩니다. 그렇기 때문에 우리는 단순히 나쁜 습관을 버리는 것을 넘어서, 거룩한 습관을 익혀야 합니다. 거룩한 습관은 우리의 신앙을 더욱 성숙하게 만들고, 하나님이 주시는 형통의 복을 누리게 할 것입니다.

1. 말씀을 묵상하라

크리스천의 삶과 신앙의 기초는 하나님의 말씀, 즉 성경에 있습니다. 성경은 구약 929장과 신약 260장, 총 1,189장으로 이루어져 있으며, 전체 66권의 책 속에는 31,039절의 말씀이 담겨 있습니다. 이 안에 기록된 하나님의 말씀은 일점일획도 변함없는 진리입니다.

말씀의 중요성은 아무리 강조해도 지나치지 않습니다. 하나님은 말씀을 통해 자신을 계시하시고, 자신의 뜻과 계획을 나타내시며, 우리에게 지혜와 능력을 부어주십니다. 성경은 과거의 이야기를 전하는 것이 아닙니다. 오늘날에도 여전히 살아 움직이며 우리 가운데 역사합니다. 말씀은 우리 삶을 인도하는 가이드북이며, 우리가 겪고 있는 모든 문제에 대한 해답을 제시합니다.

"모든 성경은 하나님의 감동으로 된 것으로 교훈과 책망과 바르게 함과 의로 교육하기에 유익하니 이는 하나님의 사람으로 온전하게 하며 모든 선한 일을 행할 능력을 갖추게 하려 함이라"(딤후 3:16-17)

시냇가로 인도하는 말씀

복 있는 사람은 하나님의 말씀을 묵상하며, 그 말씀을 삶의 기준으로 삼고 살아가는 사람입니다.

"복 있는 사람은 악인들의 꾀를 따르지 아니하며 죄인들의 길에 서지 아니하며 오만한 자들의 자리에 앉지 아니하고 오직 야훼의 율법을 즐거워하여 그의 율법을 주야로 묵상하는도다 그는 시냇가에 심은 나무가 철을 따라 열매를 맺으며 그 잎사귀가 마르지 아니함 같으니 그가 하는 모든 일이 다 형통하리로다"(시 1:1-3)

복 있는 사람은 참된 복이 하나님으로부터 주어진다는 것을 알고, 하나님의 말씀에 귀를 기울입니다. 오직 하나님의 말씀 속에서 길을 찾고, 그 말씀에 순종하며 한 걸음씩 나아갑니다. 우리가 말씀을 따라 살아가면, 하나님은 우리가 하는 모든 일이 형통하게 되는 복을 주십니다.

성경은 복 있는 사람을 "시냇가에 심은 나무"에 비유합니다 (시 1:3). 이 나무는 계절을 따라 열매를 맺으며, 그 잎사귀가 시들지 않습니다. 여기서 주목할 점은 이 나무가 누군가에 의해 옮겨 심어졌다는 것입니다. 시냇가는 물이 마르지 않고 영양분이 충분히 공급되는 장소입니다. 이처럼 하나님은 말씀을 즐거워하고 묵상하는 사람을 은혜의 시냇가로 인도하시며, 결실이 풍성하게 넘쳐나는 복된 삶을 살게 하십니다.

하지만 오늘날 우리는 미디어에 많은 시간을 빼앗기고 있습니다. 스마트폰과 인터넷에 지나치게 의존하거나, 소셜 미디어와 게임에 몰두하면서 소중한 시간을 낭비하는 경우가 많습니다. 이러한 습관은 우리를 시냇가로 인도하기보다는 황폐한 사막으로 이끌어갑니다. 이로 인해 우리의 영혼은 하나님의 말씀에 집중할 시간을 잃고 점차 메말라갈 수밖에 없습니다.

그러므로 우리는 무엇보다도 하나님의 말씀을 가까이하는 것을 최우선으로 삼고, 말씀을 묵상하며 공부하는 것을 습관화해야 합니다. 그럴 때 하나님과의 친밀한 교제가 이루어지고, 우리의 영혼이 살아나고 회복됩니다.

하나님의 말씀으로 채우라

저는 매일 아침 두 시 반에서 세 시 사이에 일어나 가장 먼저 성경을 읽습니다. 이해하기 어려운 구절이 나올 때는 여러 역본을 함께 참고합니다. 이렇게 고요한 새벽 시간에 성경을 읽고 묵상하다 보면, 모든 일을 이끌어가시는 하나님의 인도하심과 계획을 깨닫는 은혜를 경험하게 됩니다.

'바쁘다'라는 뜻의 한자 '망'(忙)은 마음 '심'(心)과 망할 '망'(亡)이 합쳐진 글자입니다. 이는 마음이 망가진다는 의미를 담고 있습니다. 세상일에 쫓겨 지나치게 바쁘게 살다 보면 우리의 영혼이 메말라가고 하나님과의 관계가 소홀해질 수밖에 없습니다. 그러므로 우리는 바쁜 중에서도 자신만의 시간과 장소를 따로 마련하여 하나님과 만나는 시간을 꼭 가져야 합니다. 예수님도 바쁜 사역 가운데서도 따로 시간을 내어 하나님과 교제하셨습니다.

생각을 하나님의 말씀으로 채우고 무장할 때 하나님이 주시는 지혜와 능력으로 살아갈 수 있습니다. 우리는 종종 부정적이고 불필요한 생각들, 과거의 상처나 실패로 인해 낙심하고 좌절합니다. 그러나 하나님의 말씀은 우리를 어두운 생각에서 자유케 하며, 희망과 긍정의 생각으로 채워줍니다. 말씀을 주야로 묵상하고 그 말씀을 삶의 기준으로 삼을 때 우리는 세상에서 얻을 수 없는 참 평안과 지혜를 얻게 됩니다.

2. 범사에 감사하라

우리가 지녀야 할 또 하나의 거룩한 습관은 감사입니다. 감사는 우리의 삶을 변화시키는 힘을 가지고 있습니다.

"범사에 감사하라 이것이 그리스도 예수 안에서 너희를 향하신 하나님의 뜻이니라"(살전 5:18)

하나님은 우리에게 "범사에 감사하라"라고 명령하십니다. 우리가 겪는 모든 상황에서, 어떤 일이든 감사하라는 것입니다. 내가 보기에 좋은 일에만 감사할 것이 아니라, 어려운 일이나 좋아 보이지 않는 일조차 감사해야 합니다. 크고 대단한 일에만 감사하는 것이 아니라, 사소하고 작은 일에도 감사하는 마음을 가져야 합니다.

미국에서 가장 많이 들을 수 있는 말 중 하나는 '땡큐'(Thank you)입니다. 미국인들은 집에서, 직장에서, 공원에서, 슈퍼마켓에서, 레스토랑에서, 심지어 거리에서조차 땡큐를 쉽게 주고받습니다. 미국인들은 일상에서 아주 작고 사소한 것이라도 감사의 마음을 표현하는 것을 매우 중요한 가치로 여기기 때문입니다.

이러한 감사 문화의 기원은 1621년으로 거슬러 올라갑니다. 영국에서의 박해를 피해 미국으로 건너간 청교도들은 추수를 마치고 하나님께 첫 열매를 바치며 감사예배를 드렸습니다. 그들은 신앙의 자유를 얻은 것, 혹독한 겨울에 황무지에서 살아남은 것, 그리고 예상보다 풍성한 수확을 거둔 것에 대해 눈물로 감사했습니다. 그때부터 미국 사회에는 기독교 신앙을 바탕으로 한 감사 문화가 깊게 뿌리를 내리게 되었고, 감사는 미국을 강대국으로 성장하게 하는 원동력이 되었습니다.

오늘날 우리 사회는 감사를 잃어가고 있습니다. 받는 것을 당연하게 여기고, 좋은 일은 모두 자기 능력 때문이라고 생각하면서, 나쁜 일은 남 탓으로 돌리기 바쁩니다. 이렇게 감사를 잃어버린 삶에는 불행이 뒤따르기 마련입니다.

그러나 커다란 잔 속에 더러운 물이 가득 담겨 있을 때 맑고 깨끗한 물을 계속 부으면 끝내 더러운 물이 사라지고 깨끗한 물만 남게 되는 것처럼, 마음에 불평과 원망보다 감사를 꾸준히 채워간다면 그 인생은 기쁨과 행복으로 가득 찰 것입니다.

우리는 반복되는 일상 속에서 감사를 잃어버린 채 살고 있지 않은지 돌아봐야 합니다. 우리의 입술을 불평과 원망이 아닌 감사의 언어로 가득 채워보세요. 감사가 선택이 아닌 습관이 될 때, 하나님이 우리의 삶을 풍성한 축복으로 채워주실 것입니다.

"범사에 우리 주 예수 그리스도의 이름으로 항상 아버지 하나님께 감사하며"(엡 5:20)

3. 자신을 훈련하라

위대한 하나님의 사람으로 쓰임 받기 위해서는 거룩한 습관으로 자신을 끊임없이 훈련해야 합니다.

기도훈련

기도는 하나님과의 교제를 통해 우리의 신앙과 삶을 세워가는 강력한 도구입니다. 성경 속 하나님의 사람들은 모두 기도하는 사람들이었습니다.

"다니엘이 이 조서에 왕의 도장이 찍힌 것을 알고도 자기 집에 돌아가서는 윗방에 올라가 예루살렘으로 향한 창문을 열고 전에 하던 대로 하루 세 번씩 무릎을 꿇고 기도하며 그의 하나님께 감사하였더라"(단 6:10)

다니엘은 규칙적인 기도 습관을 가진 사람이었습니다. 그는 죽음의 위협 앞에서도 습관을 따라 하나님께 하루 세 번 기도하는 습관을 멈추지 않았습니다. 다윗도 고난과 역경 속에서 기도를 멈추지 않았으며, 예수님도 늘 새벽에 일어나 기도하셨습니다. 베드로와 요한 역시 하루에 세 번 시간을 정해놓고 기도했습니다. 성경에서 위대한 하나님의 사람들은 한결같이 기도하는 사람이었습니다.

새벽기도는 정말 특별한 시간입니다. 하루의 시작을 하나님과의 깊은 교제 속에서 시작할 수 있다는 것은 엄청난 축복입니다. 새벽은 다른 사람들의 방해 없이 하나님과 온전히 만날 수 있는 소중한 기회를 제공합니다. 깊은 하나님과의 교제를 통해 우리는 영적인 힘을 얻고, 하루를 살아갈 수 있는 지혜를 얻으며 은혜를 경험하게 됩니다.

새벽기도는 전 세계 어디에서도 찾아볼 수 없는 독특한 한국교회의 전통입니다. 이 전통은 1907년 평양 대부흥운동에서 시작되었습니다. 당시 성령의 강력한 역사 속에서 큰 은혜를 경험한 성도들은 새벽 일찍부터 교회로 모여들기 시작했습니다. 교회를 지키던 분이 새벽부터 교회 마당에 모인 70명 이상의 성도들을 보고 교회 문을 열어주었고, 성도들은 교회 안으로 들어와 자발적으로 기도하기 시작했습니다. 이처럼 성령의 역사로 인해 시작된 기도회가 바로 한국 교회 새벽기도 전통의 출발이었습니다.

시간을 구별하여 기도하는 거룩한 습관을 갖게 되시길 바랍니다. 기도의 습관이 우리를 위대한 하나님의 사람으로 만들어 갈 것입니다.

전도 훈련

예수님은 우리에게 복음을 전하는 사명을 주셨습니다.

"또 이르시되 너희는 온 천하에 다니며 만민에게 복음을 전파하라"(막 16:15)

전도는 모든 믿는 자들에게 주어진 절대적 지상명령이며 교회의 존재 이유입니다. 우리가 예수님을 믿으면서도 전도하지 않으면 믿음이 자라지 않고, 교회가 선교하지 않으면 부흥도 멈추게 됩니다. 그러므로 우리는 때를 얻든지 못 얻든지 복음을 전하는 일에 힘써야 합니다.

우리를 통해 복음의 기쁜 소식이 널리 전해질 때, 잃어버린 영혼들이 하나님께 나아오고 하나님의 나라가 확장될 것입니다. 우리는 언제 어디서 누구에게든지 전도할 수 있도록 자신을 훈련해야 합니다. 우리나라 사람뿐만 아니라 다른 나라의 사람에게도 복음을 전하기 위해 외국어를 훈련하는 것 또한 전도에 큰 도움이 됩니다. 우리 모두 하나님을 기쁘시게 하는 전도자의 삶을 살게 되기를 바랍니다.

건강관리 훈련
현대인에게 건강 문제는 매우 중요합니다. 건강해야 직장도 잘 다니고 공부도 열심히 할 수 있습니다. 심지어 건강해야 신앙생활도 잘할 수 있습니다. 성경에서도 우리의 몸을 성령의 전이라고 표현하며, 몸으로 하나님께 영광을 돌리라고 말씀합니다. 하나님이 창조하신 육체는 우리에게 주어진 귀한 선물이므로, 우리는 선한 청지기와 같이 하나님이 주신 몸을 건강하게 관리해야 합니다.

몸과 영혼의 건강은 긴밀히 연결되어 있습니다. 건강할 때 하나님이 주신 사명을 더 잘 감당할 수 있습니다. 원수가 인간을 무너뜨리는 데 사용하는 방법 중 하나가 바로 건강을 공격하는 것입니다. 건강을 제대로 관리하지 않으면, 의식하지 못하는 사이에 사탄에게 틈을 내어주게 됩니다.

오늘날 세상은 자기만족을 위해 절제 없이 과도하게 먹고 소비하는 문화를 조장합니다. 그러나 크리스천은 건강한 몸을 지키기 위해 절제된 삶을 살아야 합니다. 몸을 해롭게 하는 것들을 멀리하고 규칙적인 생활과 운동, 충분한 휴식과 수면, 균형 잡힌 식사 등을 통해 건강을 돌보아야 합니다.

> "사랑하는 자여 네 영혼이 잘됨 같이 네가 범사에 잘 되고 강건하기를 내가 간구하노라"(요삼 1:2)

습관이 행동을 바꾸고 행동은 인생을 바꿉니다. 거룩한 습관이 거룩한 인생을 만듭니다. 남은 일생 거룩한 습관을 통해 하나님께 귀하게 쓰임 받는 위대한 하나님의 사람이 되시기를 바랍니다.

적용을 위한 질문

1. 말씀 묵상과 기도하는 시간이 정해져 있나요? 말씀 묵상과 기도를 위한 계획을 구체적으로 적어보세요.

_____

_____

_____

_____

_____

_____

_____

_____

적용을 위한 질문

2. 위대한 하나님의 사람으로 살아가기 위해 내 삶에서 버려야 할 습관과 앞으로 가져야 할 습관이 무엇인지 적어보세요.

_____
_____
_____
_____
_____
_____
_____
_____

CHAPTER 12

절대 긍정의 믿음을 소유하라

"믿음은 바라는 것들의 실상이요
보이지 않는 것들의 증거니
선진들이 이로써 증거를
얻었느니라 … 믿음이 없이는
하나님을 기쁘시게 하지 못하나니
하나님께 나아가는 자는
반드시 그가 계신 것과
또한 그가 자기를 찾는 자들에게
상 주시는 이심을 믿어야 할지니라"
히브리서 11장 1-2, 6절

12 절대 긍정의 믿음을 소유하라

　성공에 이르기를 소망하는 크리스천은 절대 긍정의 믿음을 가져야 합니다. 오늘날 세상은 부정적인 생각과 말로 가득합니다. 특히 인터넷을 통해 확산하는 부정적인 말들은 우리 사회를 어둡게 만들고, 젊은 사람들에게서 꿈과 희망을 빼앗고 있습니다. 그러나 크리스천은 이러한 세상 풍조를 따라가면 안 됩니다. 세상 사람들이 부정적인 눈으로 현실을 바라보더라도, 크리스천은 절대 긍정의 믿음으로 희망과 미래를 이야기해야 합니다.

1. 믿음의 사람이 되라

예수님을 믿고 난 후 한평생 귀하고 아름답게 쓰임 받는 비결은 '믿음의 사람으로 사는 것'입니다. 하나님은 언제나 믿음의 사람과 함께 일하시기 때문입니다.

믿음의 사람을 찾고 계신 하나님

하나님이 찾으시는 '믿음의 사람'은 어떤 믿음을 갖고 있을까요? 히브리서 11장 1절에서 답을 찾을 수 있습니다.

> "믿음은 바라는 것들의 실상이요 보이지 않는 것들의 증거니"(히 11:1)

믿음은 "바라는 것들의 실상"이며 "보이지 않는 것들의 증거"입니다. 다시 말해, 하나님의 말씀이 이미 성취되어 내 앞에 실제로 존재하는 것처럼 "아멘!"으로, 절대 긍정으로 받아들이는 것이 믿음입니다.

히브리서 11장은 이러한 믿음을 소유했던 16명의 인물을 소개합니다. 아벨, 에녹, 노아, 아브라함, 사라, 이삭, 야곱, 요셉, 모세, 기생 라합, 기드온, 바락, 삼손, 입다, 다윗, 사무엘과 같은 믿음의 거인들은 하나님의 말씀이 이미 이루어진 것처럼 확신하며 절대 긍정의 믿음을 품었습니다. 이러한 믿음이 있었기에 그들은 어떤 고난과 시련 속에서도 두려워하지 않고 하나님의 일을 이룰 수 있었습니다. 우리도 이들의 믿음을 본받아 절대 긍정의 삶을 살아야 합니다.

하나님이 인정하시는 믿음

히브리서 11장에 등장하는 인물들의 믿음은 하나님이 인정하신 믿음입니다. 우리는 인생을 살아가면서 누군가에게 인정받는 일이 얼마나 귀하고 중요한지 잘 알고 있습니다. 저도 어릴 때, 선생님께 인정받은 후 공부에 더 큰 열의를 가지게 된 경험이 있습니다. 하물며 만왕의 왕이신 하나님께 인정받으면 얼마나 기쁘고 행복할까요?

히브리서 11장 6절은 하나님이 인정하시는 믿음이 무엇인지를 우리에게 가르쳐 줍니다.

"믿음이 없이는 하나님을 기쁘시게 하지 못하나니 하나님께 나아가는 자는 반드시 그가 계신 것과 또한 그가 자기를 찾는 자들에게 상 주시는 이심을 믿어야 할지니라"(히 11:6)

하나님께 인정받는 믿음의 특징은 다음 네 가지로 정리할 수 있습니다.

첫째, 하나님을 기쁘시게 하는 믿음입니다. 자녀가 부모의 말을 잘 들을 때 부모가 기뻐하는 것처럼, 우리가 하나님의 말씀에 순종할 때 하나님도 기뻐하십니다. 둘째, 하나님께 나아가는 믿음입니다. 믿음의 사람은 감사와 찬양의 고백을 드리며 하나님 앞에 나아가야 합니다. 셋째, 하나님의 살아계심을 믿는 믿음입니다. 하나님은 어제나 오늘이나 영원토록 살아계시며 우리 가운데 역사하십니다. 마지막으로, 하나님은 상 주시는 분이심을 믿는 믿음입니다. 우리는 좋으신 하나님이 말씀에 순종하는 자에게 반드시 복을 주신다는 사실을 기억하며 믿음의 길을 걸어가야 합니다.

이와 같은 믿음을 가진 사람을 하나님은 인정하시며, 그에게 모든 일에서 형통한 복을 내려주십니다.

부정적인 모습은 절대 금물

믿음의 사람은 어떠한 상황에서도 부정적인 모습을 보여서는 안 됩니다. 부정적인 생각, 말, 행동은 하나님의 축복을 가로막는 장애물이 됩니다. 하나님은 긍정적인 사람들과 함께 일하시며, 그들에게 복을 주신다는 사실을 우리는 결코 잊지 말아야 합니다.

성경은 하나님이 긍정적인 사람들과 함께 일하신 기록이라고 할 수 있습니다. 성경 어디를 봐도 하나님은 불평하고 원망하는 사람들을 사용하신 적이 없습니다.

대표적인 예로 출애굽 한 이스라엘 백성을 들 수 있습니다. 하나님은 430년간 애굽에서 종살이하던 이스라엘 백성을 구원하시고, 약속의 땅 가나안으로 인도하려고 계획하셨습니다. 그러나 이스라엘 백성은 하나님의 은혜에 감사하기는커녕 끊임없이 불평했으며, 그 결과 가나안 땅에 들어가지 못하고 40년 동안 광야에서 지내야 했습니다. 절대 긍정의 믿음을 지닌 여호수아와 갈렙을 제외한 출애굽 1세대는 모두 광야에서 죽고, 그 후손들만이 약속의 땅에 들어갈 수 있었습니다.

하나님 말씀은 우리가 절대로 부정적인 사람이 되어서는 안 된다는 교훈을 줍니다. 하나님의 뜻은 항상 절대 긍정입니다. 따라서 우리는 절대 긍정의 믿음으로 항상 기뻐하고, 쉬지 않고 기도하며, 모든 일에 감사해야 합니다. 슬프고 괴롭고 고통스러운 가운데서도 좋으신 하나님, 신실하신 하나님을 신뢰하며 절대 긍정의 믿음을 잃지 말아야 합니다.

2. 예수님의 말씀을 붙잡아라

우리는 절대 긍정의 믿음으로 예수님의 말씀을 붙잡아야 합니다.

> "예수께서 이르시되 할 수 있거든이 무슨 말이냐 믿는 자에게는 능히 하지 못할 일이 없느니라 하시니" (막 9:23)

예수님이 말씀하신 것처럼, 믿는 자에게는 하지 못할 일이 없습니다. 우리가 절대 긍정의 믿음으로 무장하고, 그 믿음 위에 간절한 기도가 더해지면 위대한 하나님의 역사를 경험할 수 있습니다. 우리 마음속에 원망, 불평, 섭섭함, 못마땅함 등 부정적인 생각이 자리하게 내버려 두어서는 안 됩니다. 전능하신 하나님을 향한 절대 긍정의 믿음을 품고 기도하는 사람에게 하나님은 응답과 기적의 선물을 내려주십니다.

깨끗한 마음 그릇

반면, 원망과 불평이 있는 사람의 기도는 응답되지 않습니다. 그렇기에 기도 응답을 원한다면, 먼저 우리의 마음 그릇을 긍정과 감사로 바꿔야 합니다. 긍정을 새긴 마음 그릇에 하나님의 응답과 축복이 담기기 때문입니다. 곰팡이가 끼고 찌꺼기가 남아있는 그릇에는 새로운 밥을 담을 수 없습니다. 밥그릇이 깨끗해야 맛있는 밥이 담길 수 있는 것입니다. 하나님이 우리에게 복을 주시기를 원하시지만, 만약 우리의 마음 그릇에 원망과 불평이라는 곰팡이가 있으면 은혜의 밥, 축복의 밥을 담아주시지 않을 것입니다. 기도와 말씀, 찬양과 감사로 마음 그릇을 반짝반짝하게 빛나도록 정화하고 준비해야 합니다. 그리할 때 하나님이 그 깨끗한 그릇에 넘치도록 축복을 담아주실 것입니다.

칠전팔기의 도전

여의도순복음교회 찬양대에서 봉사하시는 한 성도님은 음악 교사를 꿈꾸며 학교에 일곱 번 지원했으나 모두 탈락하는 아픔을 겪었습니다. 그럼에도 불구하고 성도님은 불평하거나 원망하지 않았습니다. 일곱 번이나 실패했으니 낙심할 법도 한데, 변함없이 봉사의 자리를 지키며 하나님께 감사와 찬양을 올려드렸습니다.

성도님은 용기를 내어 여덟 번째 지원했는데, 안타깝게도 이번엔 2등으로 떨어지고 말았습니다. 좋은 성적을 거두었지만, 한 명만 뽑는 모집이었기 때문입니다. 그러나 얼마 지나지 않아 학교에서 연락이 왔습니다. 1등이었던 지원자가 다른 학교로 가게 되어, 2등이었던 성도님이 합격했다는 소식이었습니다. 결국 성도님은 칠전팔기의 도전 끝에 꿈에 그리던 음악 교사가 되었고, 현재는 학교에서 학생들을 잘 가르치고 있습니다.

여덟 번의 기도 후 받은 응답

한번은 경찰을 꿈꾸던 한 자매님이 저를 찾아와서 기도를 부탁했습니다. 저는 그 자매님에게 "경찰은 힘든 직업인데, 왜 그걸 하려고 하세요?"라고 물었더니, 돌아온 답변이 매우 간단했습니다. "경찰이 제 꿈이거든요." 저는 그 성도님의 꿈이 이토록 분명하니, 언젠가는 반드시 이루어질 것이라 확신하며 간절히 기도해 주었습니다. 그러나 현실은 쉽지 않았습니다. 성도님은 1차와 2차 시험은 통과했지만, 3차에서 계속해서 낙방했습니다. 무려 여덟 번이나 실패했지만, 자매님은 포기하지 않았습니다. 낙방할 때마다 저를 찾아와 기도를 요청했고, 저는 매번 간절한 마음으로 기도해 드렸습니다.

비록 시험은 떨어졌지만, 자매님은 눈물을 흘리면서 "하나님이 주신 꿈은 반드시 성취될 것이다."라며 절대 긍정의 믿음을 포기하지 않았습니다. 여덟 번째 기도를 받은 지 얼마 되지 않아서 자매님에게 기쁜 소식이 들려왔습니다. 드디어 경찰 시험에 합격한 것입니다. 극심한 경쟁을 뚫고 마침내 오랜 바람이 이루어졌다는 소식을 들으니, 저도 자매님 못지않게 기쁘고 감사했습니다.

하나님은 이처럼 긍정의 믿음을 가진 사람을 통해 놀라운 역사를 이루십니다. 인간적인 관점에서 보면 불가능해 보이는 일도 하나님은 가능케 하십니다. 그렇기에 우리는 불평, 원망, 비방과 같은 부정적인 언어를 버리고, 감사와 찬양, 칭찬과 격려의 긍정적인 언어로 우리의 입술을 채워야 합니다. 그러할 때 하나님이 우리의 기도를 들으시고 꿈을 이루어 주실 것입니다.

3. 예수님을 감동케 하는 믿음

우리는 예수님을 감동케 하는 믿음의 소유자가 되어야 합니다. 성경에는 절대 긍정의 믿음으로 예수님의 마음을 움직인 인물들의 이야기가 기록되어 있습니다.

네 명의 친구와 중풍병자

마가복음에는 중풍병자를 예수님께 데려가기 위해 대범한 믿음을 보여준 네 명의 친구들의 이야기가 나옵니다. 이들은 중풍병으로 누워 있는 친구를 침상째 들고 예수님이 말씀을 전하시던 집으로 찾아갔습니다. 그러나 사람들이 너무 많아서 집안으로 들어갈 수 없었습니다. 그럼에도 불구하고 그들은 포기하지 않았습니다. 그들은 예수님의 말씀이라면 친구가 나을 것이라 확신하고, 지붕을 뜯어 침상을 내려보내기로 결심했습니다. 쿵쾅쿵쾅 소리가 들리고 흙이 머리 위로 떨어지자 모두가 놀라 위를 쳐다보았습니다. 천장에는 구멍이 뚫려있고, 그 구멍을 통해 중풍병자가 누워있는 침상이 줄에 달려 내려오고 있었습니다. 사람들은 놀라서 수군거렸지만, 예수님은 네 명의 친구 안에 있던 절대 긍정의 믿음을 보시고, 중풍병자를 치유해 주셨습니다.

> "무리들 때문에 예수께 데려갈 수 없으므로 그 계신 곳의 지붕을 뜯어 구멍을 내고 중풍병자가 누운 상을 달아 내리니 예수께서 그들의 믿음을 보시고 중풍병자에게 이르시되 작은 자야 네 죄 사함을 받았느니라 하시니"(막 2:4-5)

열두 해 혈루증 앓던 여인

12년 동안 혈루증으로 고통받던 여인은 여러 의사를 찾아다녔지만, 끝내 치료 방법을 찾지 못했습니다. 절망 속에서 그녀는 예수님에 대한 소식을 들었습니다. 예수님의 옷자락만 만져도 나을 수 있다는 절대 긍정의 믿음을 품고 예수님께 나아갔습니다. 수많은 무리를 헤치며 비집고 들어간 끝에 간신히 예수님의 옷자락에 손을 대었고, 바로 그 순간 놀라운 기적이 일어났습니다. 오랫동안 그녀를 괴롭혔던 질병이 그녀의 몸에서 떠나갔습니다.

> "여자가 자기에게 이루어진 일을 알고 두려워하여 떨며 와서 그 앞에 엎드려 모든 사실을 여쭈니 예수께서 이르시되 딸아 네 믿음이 너를 구원하였으니 평안히 가라 네 병에서 놓여 건강할지어다"(막 5:33-34)

수로보니게 여인

이방 땅 수로보니게 출신의 한 여인이 예수님께 찾아와, 귀신 들린 딸을 치유해 달라고 간청했습니다. 그러나 예수님의 답변은 차가웠습니다. 유대인과 이방인을 각각 하나님의 자녀와 개에 비유하며 치유해 줄 수 없다고 하셨습니다. 그럼에도 여인은 포기하지 않았습니다. 오직 예수님만이 딸을 고치실 수 있다는 절대 긍정의 믿음이 그녀에게 있었습니다. 결국 여인은 "상 아래 개들도 아이들이 먹던 부스러기를 먹나이다"(막 7:28)

라며 거듭 간청했고, 예수님은 그녀의 강한 믿음에 감동하셔서 딸을 치유해 주셨습니다.

> "여자가 대답하여 이르되 주여 옳소이다마는 상 아래 개들도 아이들이 먹던 부스러기를 먹나이다 예수께서 이르시되 이 말을 하였으니 돌아가라 귀신이 네 딸에게서 나갔느니라 하시매 여자가 집에 돌아가 본즉 아이가 침상에 누웠고 귀신이 나갔더라"(막 7:28-30)

맹인 바디매오

태어날 때부터 앞을 보지 못했던 바디매오는 예수님이 여리고를 지나신다는 소식을 듣고, 예수님이라면 자기 눈을 고쳐주실 것이라는 절대 긍정의 믿음을 품었습니다. 그래서 예수님이 그의 앞을 지나가실 때 외쳤습니다. "다윗의 자손 예수여 나를 불쌍히 여기소서"(막 10:47). 주변 사람들은 그를 꾸짖었습니다. "시끄러워. 거지 주제에 왜 소리치고 난리야!" 하지만 바디매오는 단념하지 않았습니다. 오히려 자신을 꾸짖는 소리보다 더 큰 소리로 예수님을 향해 부르짖었습니다. 그의 마음엔 '예수님이 나의 외침을 듣기만 한다면, 반드시 나를 고쳐주실 것이다. 기적은 일어날 것이다!'라는 확고한 믿음이 있었습니다.

결국 바디매오의 간절한 외침은 예수님의 발걸음을 멈추게 했고, 그는 눈을 뜨는 기적을 체험할 수 있었습니다.

> "예수께서 말씀하여 이르시되 네게 무엇을 하여 주기를 원하느냐 맹인이 이르되 선생님이여 보기를 원하나이다 예수께서 이르시되 가라 네 믿음이 너를 구원하였느니라 하시니 그가 곧 보게 되어 예수를 길에서 따르니라"(막 10:51-52)

예수님이 말씀하시니, 불가능이 가능케 되는 기적이 일어났습니다. 예수님의 말씀 앞에 불가능은 없습니다. 그러므로 우리는 절대 긍정의 믿음으로 예수님께 나아가야 합니다.

우리도 일생을 사는 동안 절대 긍정의 믿음을 반드시 붙들어야 합니다. 비록 눈에 보이는 것 없고, 귀에 들리는 것 없고, 손에 잡히는 것 없어도, 흔들리지 않는 절대 긍정의 믿음으로 하나님이 주신 꿈을 향해 전진해야 합니다. 그리할 때 기적을 체험할 수 있고, 성공적인 인생을 살며 하나님께 영광 돌릴 수 있습니다.

　사회가 혼란스러운 때일수록, 크리스천은 절대 긍정의 믿음으로 간절히 기도해야 합니다. 좋으신 하나님이 우리나라와 한국교회, 나아가 우리 모두를 반드시 귀하게 사용하실 것입니다. 그러므로 절대 긍정의 믿음을 잃지 말고, 담대하게 나아가시기를 바랍니다. 하나님이 베푸시는 승리의 역사가 이 땅과 우리 모두의 삶에 펼쳐지기를 소망합니다.

적용을 위한 질문

1. 하나님의 축복을 받을 만한 깨끗한 그릇이 되기 위해, 내 안에 버려야 할 부정적인 모습이 있는지 돌아보고 적어 보세요.

_____

_____

_____

_____

_____

_____

_____

_____

적용을 위한 질문

2. 나는 예수님을 감동케 하는 믿음을 갖고 있나요? 이를 위해 내가 할 수 있는 일이 무엇인지 적어보세요.

_____

_____

_____

_____

_____

_____

_____

_____

위대한 하나님의 사람,
성공에 이르는 길

이영훈 지음

초판 1쇄 발행 2025년 3월 25일

발 행 인   이영훈
발 행 처   서울말씀사

출판등록   제2016-000172호
주   소   서울시 영등포구 은행로 55, 5층
전   화   02-846-9222
팩   스   02-846-9225

ISBN 978-89-8434-916-2

*책값은 뒤표지에 있습니다.

이 책은 저작권법에 따라 보호받는 저작물이므로
무단 전재와 복제를 금합니다.